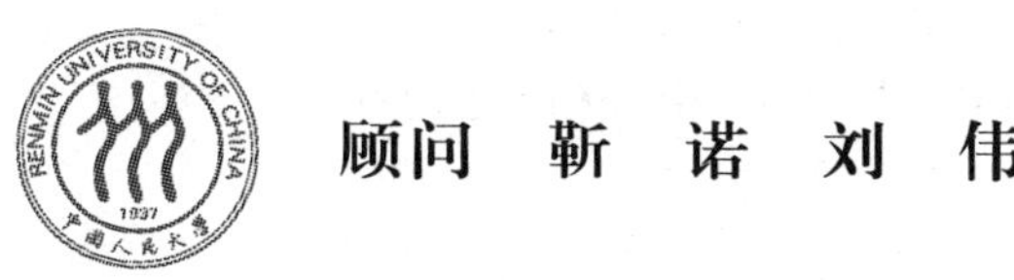

顾问 靳 诺 刘 伟

中国大学生创业报告

2018 REPORT ON COLLEGE STUDENTS ENTREPRENEURSHIP EDUCATION AND PRACTICE IN CHINA

主编 朱信凯 毛基业
执行主编 叶康涛 周文霞

中国人民大学出版社
· 北京 ·

图书在版编目（CIP）数据

中国大学生创业报告．2018/朱信凯，毛基业主编．--北京：中国人民大学出版社，2020.7
ISBN 978-7-300-28195-7

Ⅰ.①中…　Ⅱ.①朱…②毛…　Ⅲ.①大学生－创业－研究报告－中国－2018　Ⅳ.①G647.38

中国版本图书馆CIP数据核字（2020）第096383号

中国大学生创业报告2018

主　　编　朱信凯　毛基业
执行主编　叶康涛　周文霞
Zhongguo Daxuesheng Chuangye Baogao 2018

出版发行	中国人民大学出版社		
社　　址	北京中关村大街31号	**邮政编码**	100080
电　　话	010－62511242（总编室）		010－62511770（质管部）
	010－82501766（邮购部）		010－62514148（门市部）
	010－62515195（发行公司）		010－62515275（盗版举报）
网　　址	http://www.crup.com.cn		
	http://www.1kao.com.cn（中国1考网）		
经　　销	新华书店		
印　　刷	北京宏伟双华印刷有限公司		
规　　格	185mm×260mm　16开本	**版　　次**	2020年7月第1版
印　　张	11	**印　　次**	2020年7月第1次印刷
字　　数	200 000	**定　　价**	49.00元

中国大学生创业报告 2018

顾　　问：靳　诺　刘　伟

主　　编：朱信凯　毛基业

执行主编：叶康涛　周文霞

编委会（按姓氏笔画排序）：

王小虎　毛基业　田传锋　龙永红　白连永　刘　伟
刘凤良　齐鹏飞　杨　东　杨伟国　宋大我　补利军
杜　鹏　陈　姚　周　荣　罗建晖　郑水泉　洪大用
顾　涛　郭海鹰　靳　诺

编写组（按姓氏笔画排序）：

于　坤　王　强　王晓明　毛基业　叶康涛　石明明
周文霞　金秋萍　郭　海　檀文茹

序　言

创新是引领社会发展的第一动力，创业是推动经济增长的关键力量。自国家2014年提出“大众创业、万众创新”以来，经过5年的发展，大学生创业氛围日益浓厚。大学生群体对双创存在“初生牛犊不怕虎”的激情，并且劳动力市场的竞争越发激烈，就业压力越来越大，因此创业成了大学生职业发展的一种重要选择。

2016年，中国人民大学发布了《中国大学生创业报告》，首次对我国大学生创业教育与创业实践进行了全景式探索。如今，对大学生创业的调查已经到了第三个年头。本次调查采用文献分析、案例研究、问卷调查等方法，在中国大学生创业现状、成就和挑战的基础上，深入挖掘了大学生的创业需求。了解大学生的创业意向、创业动机、创业需求和创业现状，不仅有助于各大高校开展有针对性的创业教育，避免大学生盲目创业，还能明确各机构在大学生创业帮扶工作中的角色要求，从而鼓励和帮助大学生创新创业。

本次调查在全国31个省、自治区、直辖市进行，覆盖全国331所高校，调查对象包括686名创业大学生和22 839名非创业在校大学生。两类大学生样本均以本科生为主，性别分布均匀。我们调研了全部样本的社会人口因素（学校、学习成绩、专业、性别、家庭等）、职业生涯发展状况（职业成功观和未来工作自我）、创业动机。对非创业大学生样本，我们主要关注其是否有创业意向以及对创业教育的感知。对创业大学生样本，我们主要关注其在创业过程中的商业模式选择、创业融资状况、经营状况、创业成功和失败要素等问题。

与往年不同的是，今年的调查重点关注了女大学生的创业情况。就外部环境而言，国内第三产业的发展、创业“她”时代的来临为女大学生创业提供了极好的机缘。与此同时，劳动力市场的性别歧视现象（如同等条件下，优先录用男大学生、男大学生起薪普遍更高）频频出现。从内在动机的角度，女大学生为了家庭和生活考虑，更加追求灵活自由的工作时间。因此，在内外部推力和拉力共同作用下，许多女大学生选择以创业作为职业生涯的起点。但是，由于社会环境的限制和身体条件的差异，与男大学生相比，女大学生的创业现状更为严峻。为提升女大学生的创业能力和创业积极性，2009 年，全国妇联等机构联合下发了《关于开展全国女大学生创业导师行动的通知》，力争三年之内，在全国建立 5 000 个“女大学生创业实践基地”，为 10 万名女大学生提供创业就业指导。随着国内大学生创业人数的增长和创业教育的深入开展，专门针对女大学生创业的研究开始引起广泛关注，但是目前对女大学生创业的研究仍旧滞后于实践需求。

在此背景下，本次调查着眼于女大学生这一特殊群体，总结了创业与非创业、男性与女性大学生群体的特点，重点关注女大学生创业意向和创业行为，以期为促进我国女大学生创业提供理论支撑和实践启示。首先，我们分析了社会人口因素（包括学校、学习、家庭等）对女大学生创业意向和创业行为的影响。其次，我们进一步探索了女大学生的职业生涯发展与其创业意向和行为的关系。调查结果表明，女大学生的创业意向和创业行为与一般女性群体和男大学生都有较为显著的差异，较强的职业成功观和较清晰的未来工作自我都能使女大学生产生更高的创业意向，因此真正激发女大学生的创业行为，还需要帮助她们理清自己的职业价值观，明确自我未来的价值目标。

虽然大学生创业是如今职业选择的新趋势，并且外部环境也为大学生创业创造了良好的条件，但我们并不鼓励大学生都去创业。毕竟创业十分艰难，用“九死一生”来形容其残酷程度也毫不为过。想要获得创业成功，天时地利人和缺一不可。尽管如此，我们仍旧号召高校勇于承担大学教育的责任，通过创业教育来培养创业精神、传递创业魅力，为大学生未来的选择提供各种可能性。

目 录

主报告　女大学生创业意向和创业行为调查报告

一、研究背景

在我国经济下行压力加大，社会各方面临转型升级的背景下，就业问题成为事关国计民生的重要问题，也成为政府当前所面临的必须要解决的问题之一。为了稳定就业，政府提出“大众创业、万众创新”，目的在于通过全民创业来创造更多的就业岗位，解决当前的就业问题。女性创业者是“大众创业、万众创新”的重要组成部分，女大学生是潜在的女性创业者和未来的女企业家，但是由于自身条件和社会环境等主客观因素影响，女大学生的创业形势不容乐观，因此，女大学生的创业研究受到越来越多学者的广泛关注。

大学生创业研究从2000年开始成为热点，女大学生创业研究时间相对滞后10年，目前研究成果较少。而现有的研究从研究方法上看，多属于思辨式研究，缺乏定量研究和实证研究。并且多数现有女大学生创业的研究样本局限在某个地区或某类高校，缺乏对不同层次高校学生创业情况的分类、定量研究及对比分析，以及深究因果关系的研究。

为弥补现有研究的不足，本调查首次在全国层面开展女大学生创业研究。研究通过对全国范围内不同层次、不同地区、不同类型高校的女大学生创业意向、创业行为及社会人口影响因素的调查，首次收集了该研究领域的全国性的数据。研究结果有望为创业教育、帮扶、政策建议提供实证支持，为我国创业创新事业做出一份贡献。

二、文献分析和研究问题

创业研究一直是社会科学的重要研究议题，心理学、社会学、管理学和经济学等都从各自的角度对创业问题进行了研究。从内容上看，创业研究可以包含对创业意向、创业成功、创业融资、创业的社会效益及创业教育等各个方面的研究。本研究是针对女大学生这一特殊群体的创业意向和创业行为展开的研究。

创业意向指个体计划在将来进行创业的决定和选择偏向，用于反映潜在创业者对创办新企业或实施创业行为的一种主观心理准备状态及其程度。个体创业意向是引导其追求创业目标，并投入精力和资源的一种心理状态，是其创业行为的重要预测指标。因此，创业意向能较好地预测个体实际的创业行为，是非常重要的一个创业过程变量之一。目前关于创业意向的研究主要基于三种理论模型：一是 Ajzen 提出的计划行为理论模型，该模型认为创业意向预测创业行为，面对行为结果的态度、主观规范和知觉的行为控制影响创业意向。二是 Krueger 和 Brazeal 提出的创业潜力简化模型，该模型认为行为选择取决于行为的“信度”和“行动倾向”，信度要求行为既是需求的又是可行的，行动倾向是指个体采取创业行动的意向；三是 Bird 提出的创业意向模型，该模型认为个人因素、社会背景和理性、直觉思维的交互作用促进个体创业意向的形成。

基于这些理论模型，国内外学者对大学生创业意向的影响因素进行了大量的实证分析，主要包括的变量有：（1）与个人背景相关的变量：性别、有无兼职经历、父母是否经商；（2）与创业性格相关的变量：本身是一个理论、挑战自我、冒险精神；（3）与创业教育有关的变量：学校创业教育培训、有无参加创业大赛；（4）与社会环境相关的变量：政府支持、社会氛围、创业阻力等（张莹，2018；苏红，2015；文兰和吴岳衡，2016；刘佳，2016；代莉，2017）。

而具体到女大学生的创业意向，女性身份对女性创业有着独特的影响。首先，过往国内外关于男女创业意向的研究都得到较为明确的结论，即女性创业意向低于男性。而目前关于大学生的创业研究表明，这一结论或许也同样适用于大学生。彭正霞和陆根书（2013）对西安 9 所不同类型和层次高校的毕业班学生进行调查，应用多群组结构方程模型方法分析了大学生创业意向和其影响因素之间关系的性别差异状况，研究发现大学生的创业意向存在显著的性别差异，男性大学生的创业意向要显著高于女性大学生；性别因素对大学生创业意向及其影响因素之间的关系具有显著调节作用。胡闲秋、李海垒和张文新（2016）对山东省 5 所普通高校的 1 219

名大学生进行的调查也得到了相同的结果。

其次，从推拉理论（push and pull theory）的视角来看，女性的创业的动机更主要的是推力，而男性的创业动机主要表现为拉力。克罗米（Cromie）（1987）通过对比男女创业的原因后发现，男性创业的原因更多是为了经济利益，而女性创业的原因主要是为了家庭或是因为对工作的不满。国外的实证研究表明，即使教育背景相同的男性和女性，女性家庭责任和职业灵活度的创业动力也显著高于男性，而男性职业发展和财富创造的创业动力显著高于女性。而我国大学生中根据 2016 年某高校毕业生调查也显示了相似的结果：男大学生创业受“拉”的因素影响多些，“主动愿望比较强烈”，男生创业意愿为 25.6%，为了更大限度地实现自身价值（男生占比 72.5%，女生 62.2%）；而女大学生创业则更多的是一种“被动的反应”，女生创业意愿为 15.7%，创业动机在争取较大的自由度和灵活的工作时间上比例超过男生（女生 55.4%、男生 40.5%）。通过访谈得知，男生追求实现自身价值一般是自我驱动型，目标明确，而女生追求时间自由和灵活度是为了家庭和生活考虑，属于外驱动型，是弱驱动，目标比较模糊，尤其是当现实证明创业并不会带来更多的自由时间和灵活度的时候，女生创业意愿下降。与此相对应的，男女大学生在创业行业选择上也存在着显著的差异，女大学生更多选择在传统和生活等行业创业。沈茹（2015）等对江苏省 48 所高校 46 个本科专业的 660 名女大学生创业调查后发现：女大学生创业比例低，仅有 3.8%的女大学生实施创业；创业类型单一，87.6%的女大学生创业从事第三产业，70.3%的创业类型属于生存型；创业规模小，72.6%的女大学生注册资金在 10 万元以下；认为政府政策、高校教育、社会环境等是重要原因。李鹏（2013）等通过对新闻样本进行分析，认为女大学生创业动机以机会型为主，女大学生创业主要集中在第一产业和第三产业，64.5%的启动金额在 10 万元以下，规模较小。2016 年，北京市妇联发布《2016 年首都女大学生创业调研分析报告》，对 71 所北京高校 517 位 20 岁～30 岁不同年级女大学生进行了抽样调查。调查显示：女大学生对创业领域的选择偏向文化娱乐和生活方式等领域，高创业意向人群更期待在电子商务、母婴等领域做出成绩。

最后，女大学生的创业意向的特殊之处还在于各种影响创业意向的因素在男女之中有着不同的作用机制，即性别是很多创业意向前因因素的边界因素。例如，有研究显示，计划行为理论中，对行为结果的态度对女性创业意向预测力比对男性低，而主观规范对女性预测较强；社会支持障碍对女性比对男性更重要，社会支持障碍在女性中会对创业意向有更大的影响；各种有利于创业的因素，对女性的作用强于男性，比如创业教育以及行为榜样的作用。因此，在激励女性创业的实践中，需要对男性和女性采取不同的干预措施和导向性政策。

创业行为是指一个发现和捕获机会并由此创造出新颖的产品、服务并实现其潜在价值的过程。女性创业行为则是指女性作为创业主体，为了实现自身目的而展开的符合创业性质的活动过程。从上述女性创业意向的讨论可以看出，女性创业行为与男性相比有其自身的特点。例如动机方面以推力为主，创业行业以服务业为主，融资方式较为保守，等等。而女大学生作为女性中人力资本较高的群体，其创业行为是否与女性群体整体一致还有待进一步考察。现有的研究似乎显示女大学生群体创业行为依然带有女性群体的特点。

鉴于女大学生这一群体在创业意向和创业行为上的特点，我们需要更多专门针对女大学生这一特定对象的研究。虽然总的来看，大学生创业意向和行为引起越来越多学者的关注，取得了较好的研究进展，但针对女大学生这一特定对象的研究还不多，理论研究滞后于实践需求。而且现有的研究在研究方法上还是偏向于规范性的理论分析，相对缺乏深入的实证调查研究。

从前述分析可以看出，影响女大学生创业意向和行为的因素非常多，作用机制复杂。同时，女大学生也不是个同质的群体，女大学生的社会人口特征也会影响着创业意向，例如女大学生在读学校层次、地区、学习成绩、家庭背景，等等。因此，在进一步深化我国女大学生创业的实证研究前，我们需要对我国女大学生创业意向的内涵和水平进行全面的了解，并对影响创业意向和行为的社会人口因素有较清晰的认识，为微观层次的心理因素的研究排除社会人口层面因素的干扰。

因此，本研究基于全国范围内的女大学生的样本，旨在探索我国女大学生的创业意向和行为的内涵和水平及其与男大学生创业意向和行为特点的对比，并探索女大学生创业意向和行为的社会人口影响因素，包括学校、学习、家庭等因素。此外，我们也探索女大学生的职业生涯发展水平对创业意向和行为的影响，为促进我国女大学生创业提供有针对性的实践启示。

三、研究方法

本项目的研究方法为问卷调查法。

通过文献综述和专家讨论后，本研究设计了针对女大学生创业者群体的问卷。问卷调查法是目前国内外社会调查中较为广泛使用的一种方法，其中问卷是指为统计和调查所用的、以设问的方式表述问题的表格。一般来讲，问卷较之访谈表要更详细、完整和易于控制。问卷法的主要优点在于标准化和成本低，因为本研究是采用通过几轮反复验证设计好的问卷工具进行调查，所以问卷的设计要求规范化并可计量。

调查对象为全国普通高等学校的在校大学生。问卷分两个版本。第一个版本为非创业的在校大学生填写，第二个版本为创业的在校大学生填写。调查采取无记名网络问卷调查的形式，填答者可在个人电脑（PC）端、移动端等多种平台填答问卷。每个 IP 地址或者移动端号限填一份问卷。调研分两阶段进行，第一阶段 2018 年 7 月—9 月暑假期间，委托万学教育进行调研，由万学教育与其合作院校老师联系发放问卷；第二阶段 2018 年 9 月—10 月，委托商学院学生对随机抽样的院校进行重点调研。

本次调查地域上覆盖了除我国台湾地区以外的 31 个省、自治区、直辖市，包含 337 个地级行政区和直辖市，覆盖学校为 331 所。非创业的大学生样本为 22 839，样本中本科生为 17 829 人，占比 78.1%，博士生 64 人，占比 0.3%，高职高专学生4 633人，占比 20.3%，学术硕士 216 人，占比 0.9%，专业硕士（MBA、EMBA）97 人，占比 0.4%。样本的平均年龄为 19.74 岁（SD＝2.54）。样本中女性为13 487，占比 59.1%。创业者样本为 686 名，其中本科生 473 人，占比 69%，博士 7 人，占比为 1%，高职高专 185 人，占比为 27%，学士硕士 9 人，占比为 1.3%，专业硕士（MBA、EMBA）为 12 人，占比为 1.7%。样本中女性为 339 人，占比为 49.4%。

非创业大学生填写的问卷内容包括社会人口因素（学校、学习成绩、专业、性别、家庭等）、职业生涯发展状况（职业成功观和未来工作自我）、创业意向、创业动机、创业教育感知等。创业大学生填写的问卷内容包括社会人口因素（学校、学习成绩、专业、性别、家庭等）、职业生涯发展状况（职业成功观和未来工作自我）、创业动机、商业模式选择、创业融资状况、经营状况、创业成功和失败要素等。

四、研究结果

（一）女大学生创业意向及其社会人口影响因素

1. 女大学生创业意向描述分析

在创业意向方面，如图 1 所示，女性“从没想过”的比例占 16.1%，“有意愿”的占 59.6%，“有较强的意愿”的占 17.5%，“有强烈的意愿”的占 5.1%，“一定要创业”的占 1.7%。而男性意愿的分布和女性有显著差别。虽然男性最多的也是“有意愿”，但是男性“从没想过”和“有意愿”的比例少于女性，而“有较强的意愿”、“有强烈的意愿”和“一定要创业”的比例多于女性。

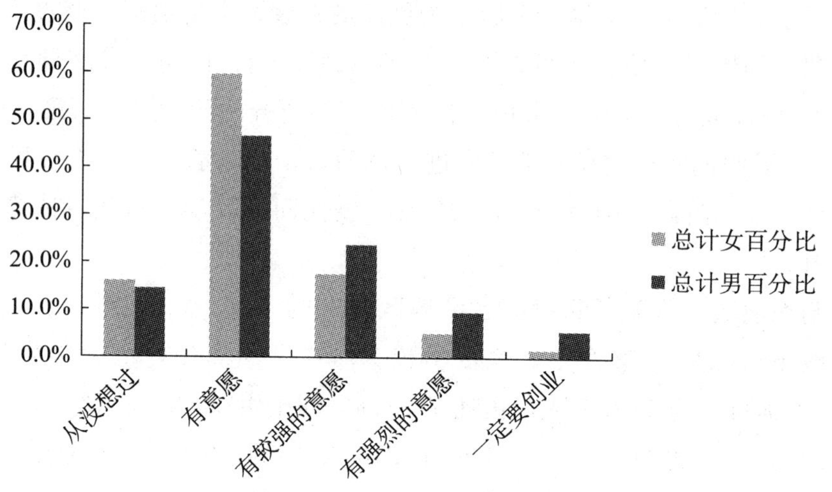

图 1　男女大学生创业意向比较

在创业倾向方面，学生回答关于创业倾向的题目，一共是五道 likert5 点量尺计分法，从 1 分“非常不同意”到 5 分“非常同意”，例题为“我的职业目标就是成为一名企业家”。如图 2 所示，女性在 5 道题的得分为 2.69 到 3.27，而男性为 3.06 到 3.46，每道题上女性得分都显著低于男性。其中，男性女性都是“我的职业目标就是成为一名企业家”一题得分最低，“我会尽一切努力开创属于自己的一份事业”一题得分最高。两方面的结果都显示，在全国性的大学生样本中，女学生的创业意向显著低于男学生。

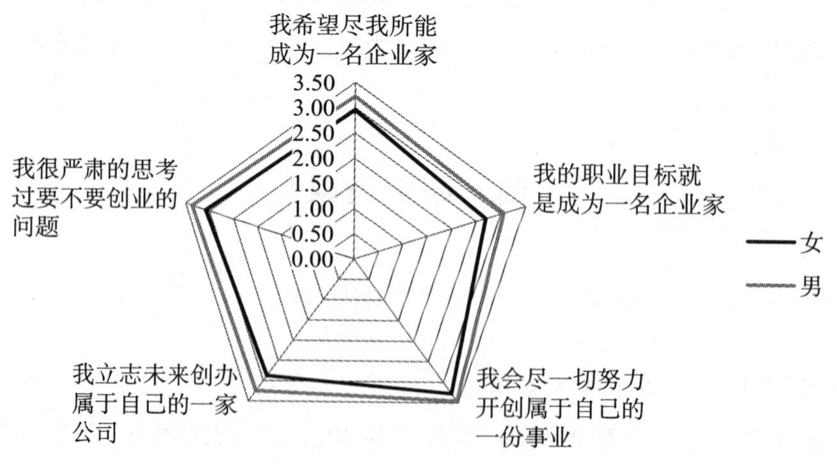

图 2　男女大学生创业倾向比较

而关于创业的内涵方面，如图3所示，分析结果也可以看到，女学生对创业的理解与男学生有显著差异。女大学生中42.4%认为创业是“开创一份新事业”，34.5%认为创业是“开发一项新产品或服务”，16.4%认为创业是“开办一家新公司”，6.6%认为创业是“开展一项冒险性活动”。而男学生中认为创业是开创一份新事业和开办一家新公司的比例高于女学生。

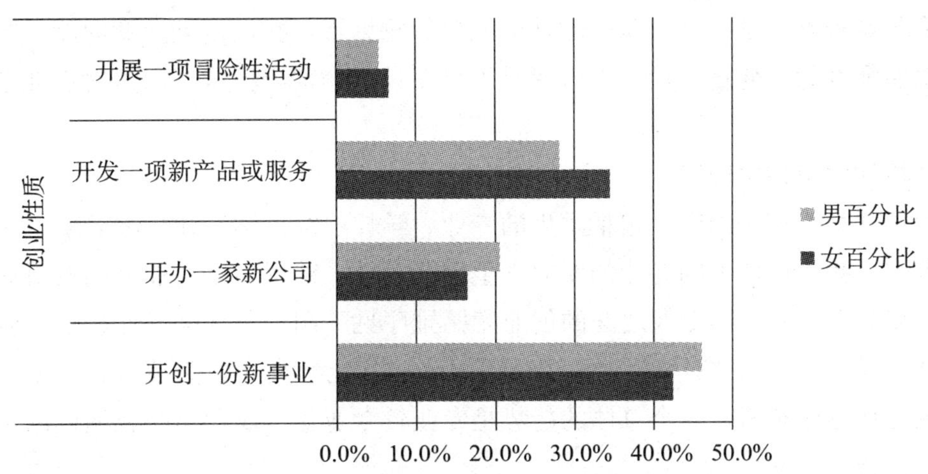

图3　男女大学生对创业内涵理解的比较

创业动机方面（见图4），25.9%的女学生创业是为了“实现个人理想，想当企业家”，22.7%是“为了赚钱”，19.7%是为了“自由自主的工作与生活方式”，10.6%是为了服务社会、创业报国，7.6%是为了发现好的商机，7.0%为了响应国

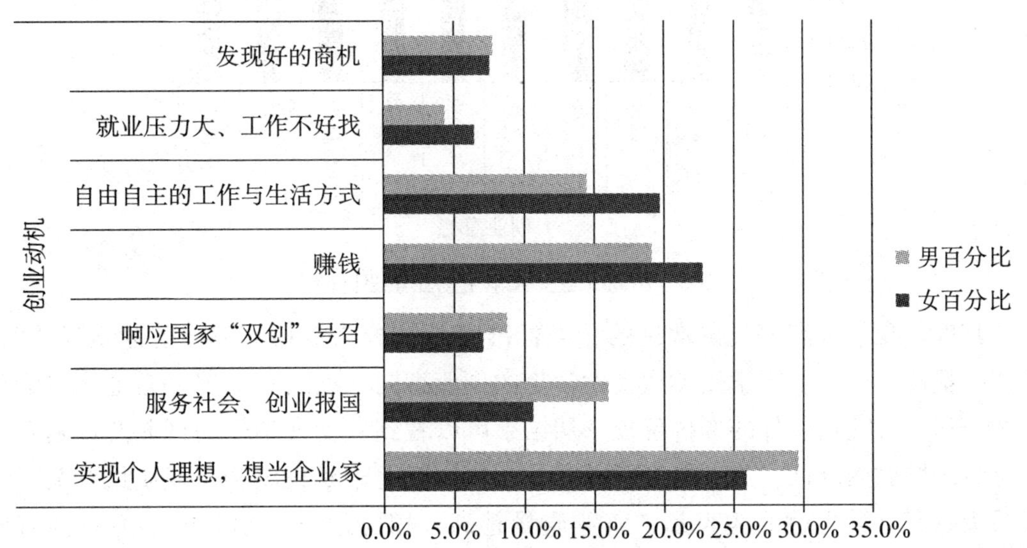

图4　男女大学生创业动机比较

家双创号召，6.5％是因为就业压力大、工作不好找。男性分布的比例有所不同，男性实现个人理想，想当企业家，服务社会、创业报国，响应国家双创号召，发现好的商机比例高于女性，而赚钱，工作方式和就业压力大、工作不好找的动力低于女性。

2. 女大学生创业意向的社会人口影响因素

为了调查女大学生创业意向的社会人口影响因素，我们以创业意向测量当中的创业意愿强度为因变量，社会人口变量为自变量，分别分析这些因素对创业意向的影响。

学校和学习相关因素

学校和学习相关的因素包括学生的专业、学校层级、学历和学习成绩。

首先，我们比较不同专业的女大学生创业意愿，结果显示专业之间有显著的差别。如图5所示，不同专业之间的创业意愿排序见下图。艺术类专业的学生创业意愿最高，显著高于除“其他”类专业的学生。“其他”类专业为体育、空乘、烹饪等专业。从排序来看，一个总体的趋势是专业较专业化、职业道路较明确的学生创业意愿较低。

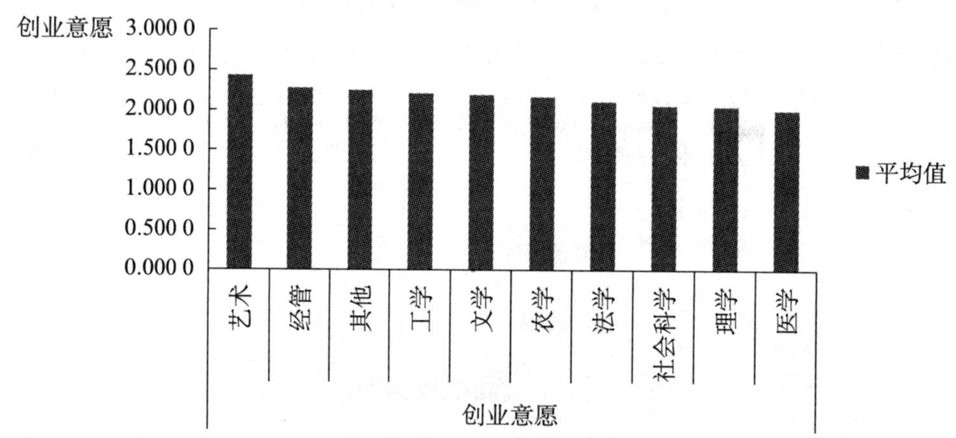

图5　不同专业女大学生创业意愿比较

其次，我们按高等院校常见的分类标准将学校分为专科高职、普通本科、211和985院校，比较不同学校类型女大学生的创业意向（见图6）。其中普通本科为除了211和985院校以外的本科院校。从结果可以看到，女大学生的创业意愿随着学校层级的增加而降低。这可能与不同学校学生的就业难易程度和就业质量有关。学校层级越高，学生就业越容易，就业质量越高，相应地自己创业的动力就会有所降低。

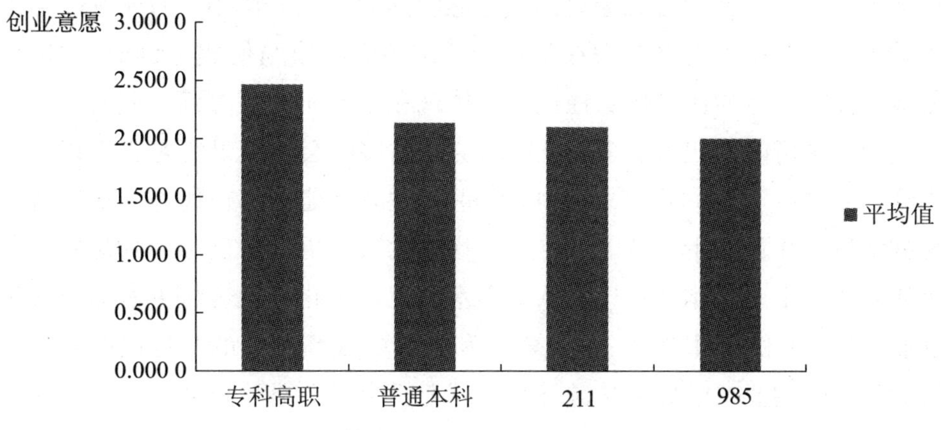

图 6　不同学校类型女大学生创业意愿比较

我们将女学生的学习成绩分为班级前 20%、前 20%～40%、40%～60%、60%～80%和后 20%，分析不同成绩名次学生之间创业意愿是否有差异。如图 7 所示，从结果来看，学习成绩处于班级前 20%的学生的创业意愿明显高于其他学生。而过往文献中，学习成绩和创业意愿的关系不是很明确，有些研究发现学习成绩和创业意愿成反比，有些则成正比。考虑到过往的研究中，样本一般局限于某所学校，不一致的结果可能由于学校层级的不同，学习成绩对创业意愿结果不同导致。因此我们又进一步分析了学校层级和班级成绩对创业意愿的交互影响（见图 8）。

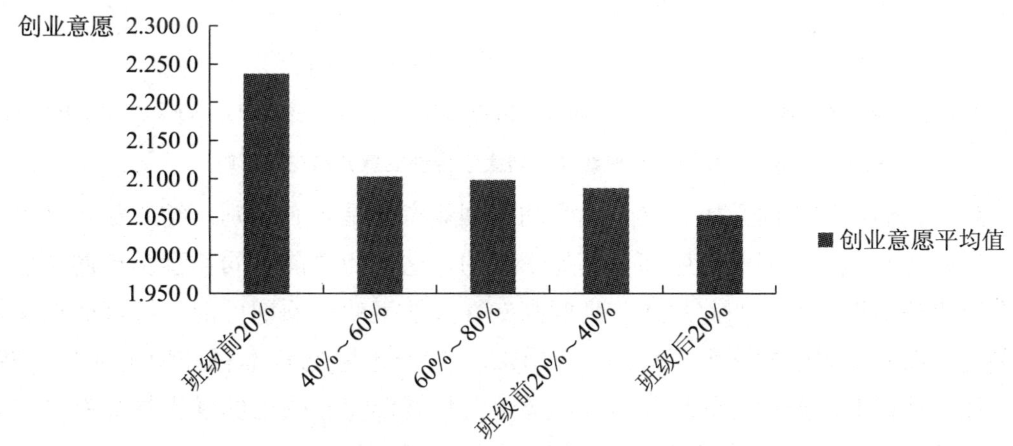

图 7　不同成绩名次女大学生创业意愿比较

分析结果显示不同层级的学校学生成绩对创业意愿的影响不同。具体来说，专科高职学生中，成绩最差的 20%学生创业意愿最高。而在 211 和普通本科高校，学习成绩最好的学生创业意愿最高。985 当中，学习成绩中等的学生创业意愿最高。

我们从中可以同时看到学习成绩对创业意愿的推力和拉力作用。对于985当中成绩优异的学生往往会投入更多精力在学习上，维持学习成绩便成了创业的机会成本。学习成绩优异的学生的比较优势往往更多体现在学术研究等方面，同时，其在面临升学、就业时也可能会获得更多的选择机会，这些都会对其最终是否选择创业产生重要影响。而这些学校中的“成绩中等”但其他方面能力都很优秀（如广泛涉猎其他方面的知识，注重实用性技能锻炼，对社会的认识更有自己独到的见解，思维也比较灵活）的学生，可能并不想要从事学术研究，因此可能会将更多的成就感投向自主创业上。211和普通本科的顶尖学生和985中成绩中等的学生情况相似。而高职专科的学生的创业意愿更多是源于缺乏就业机会所造成的推力，因此学习成绩越差的学生当中这种推力越明显。

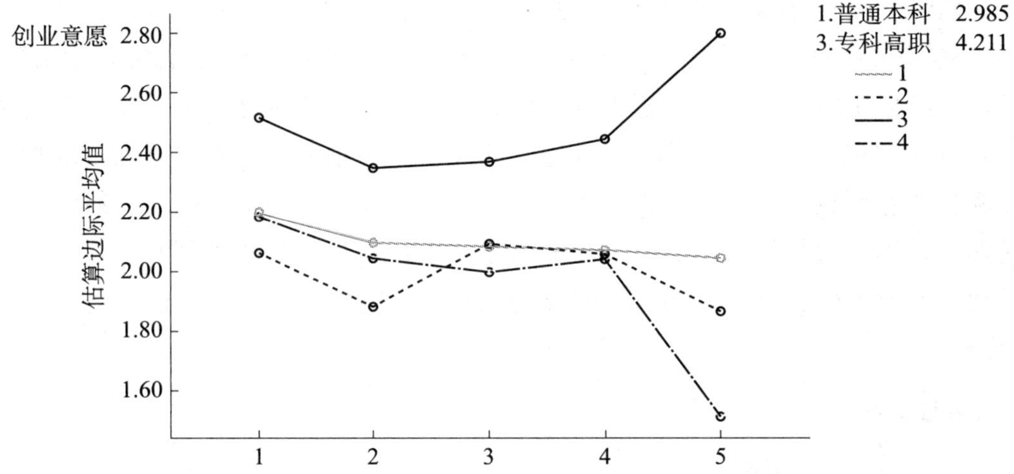

成绩：1. 班级前20% 2. 班级前20%～40% 3. 班级40%～60% 4. 班级60%～80% 5. 班级后20%

图8 学校层次和班级成绩对大学生创业意愿的交互影响

最后我们比较不同学历的女学生之间的创业意愿是否有差别。结果显示（见图9），高职高专学生的创业意愿高于其他学历的，这也和之前不同类型学校的学生创业意愿比较结果一致。如前所述，高职高专女大学生就业预期可能不够好而被迫推向创业。而专业硕士的学生（MBA、EMBA）创业意愿也较本科和博士的高一些，这可能与他们的专业课程的培养目标相关。选择就读专业硕士的学生本身就是对企业家精神比较认同，同时课程培养使其具备创业所需的知识。

学校所在地区

过往研究表明，地区也是影响创业意愿的一大因素。而在地区因素中，第一维度为市场购买力，即当地经济对于产品的总需求情况，一个需求旺盛的市场是促进创业行为的温床；第二维度为集聚效应，即当地的创业密集程度越大，引发

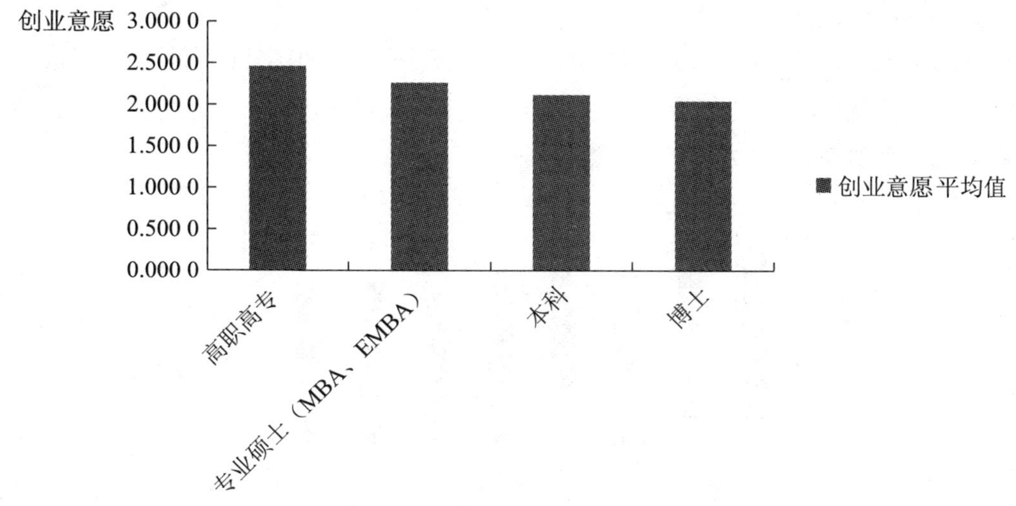

图 9　不同学历女大学生创业意愿比较

创业行为的可能性越大；第三维度为失业率，其对于创业行为的影响是双向的。一方面较高的失业率将迫使许多面临就业压力的劳动力转向自主创业的道路以获得收入，而另一方面较高的失业率又意味着经济的低迷和市场购买力的减弱，对于创业有着阻碍作用。我们参照国家发改委宏观经济研究院 2003 年重点课题《协调空间开发秩序和调整空间结构研究》中所用的地区分类标准，对调研地区进行分类，从学生学校所在地区这个角度探索地区对女大学生创业意愿的影响。

按学校所在地区来看，北方地区高校的创业意愿最高，其次是北上广深，而经济较为发达的东部地区创业意愿最低，如图 10 所示。

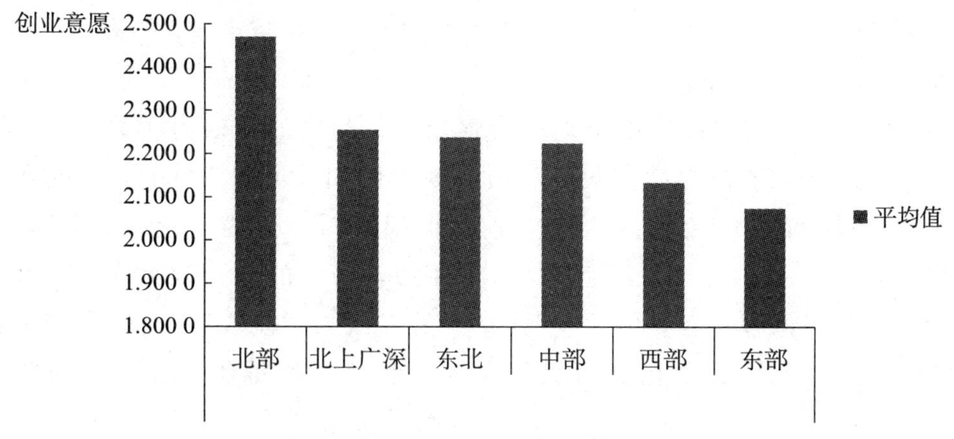

图 10　学校所在地区对女大学生创业意愿的影响

家庭影响

家庭因素一直是影响大学生创业意愿的重要因素。如图 11 所示，家庭成员有较多创业经历的学生往往创业意愿也较强。我们的结果也与过往研究一致，私营企业业主和企业管理者的女儿创业意愿更强。

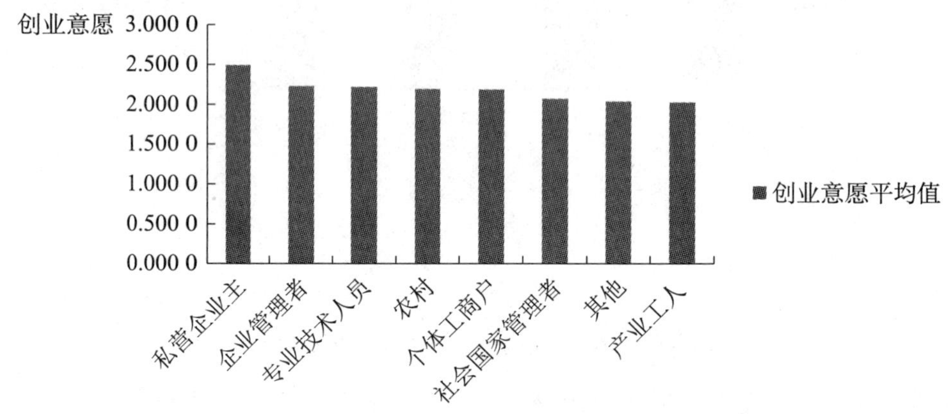

图 11　家庭因素对大学生创业意愿的影响

3. 女大学生对创业教育的感知

研究同时调查了学生对本校创业教育感知和创业教育需求。创业教育感知包括就读院校创业文化的感知、创业实践类培训的感知和创业教育课程的感知。创业文化的感知，学生从三个选项中进行选择，分别为“相关课程、活动较少，创业宣传和支持力度有限，对创业仍然缺少认知”“学校开始重视创业，成立了相关机构，相关课程、活动越来越多，创业氛围正在形成”和“学校高度重视创业，相关机构很多，各种课程、活动扑面而来，创业氛围浓厚”三个程度。创业实践类培训和创业教育课程感知，学生从“无”“有，但很少”“不少，且越来越多”和“很多”四个程度中进行选择。

女大学生对就读院校的创业文化的感知中，34%的人认为相关课程、活动较少，创业宣传和支持力度有限，对创业缺少认知（见图 12）。52%的女大学生认为就读院校的创业实践类培训“有，但很少”，9%的认为“没有”，两个类型加起来一共占 61%（见图 13）。与此相似，57%的女大学生认为就读院校的创业教育相关课程“有，但很少”，10%的人认为“没有”，两个类型加起来一共占 67%（见图 14）。由此可见，高校创业教育相对还是处于较为薄弱的状态。

而从学生对创业教育的需求来看，对创业课程或培训认为比较没有和非常没有意愿参加的仅占 10%，其他表现为不同程度的参加意愿（见图 15）。学生有意

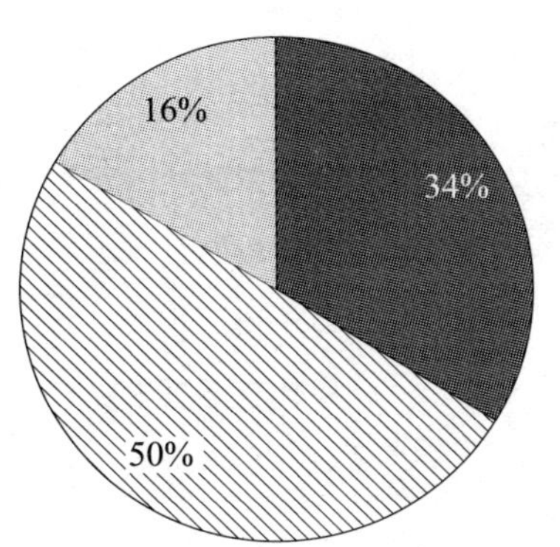

图 12　女大学生对就读院校的创业文化的感知

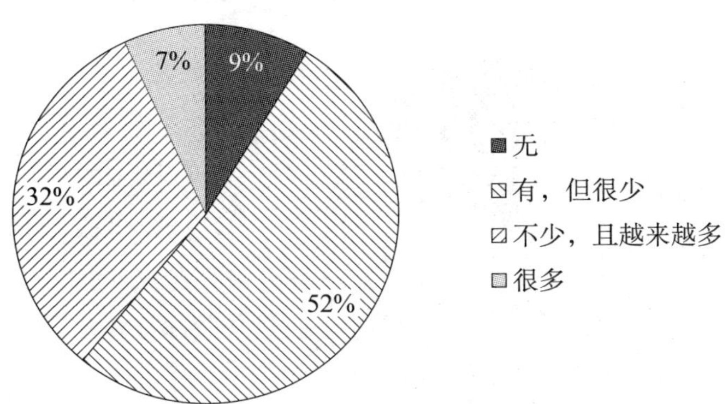

图 13　女大学生对就读院校创业实践类培训的感知

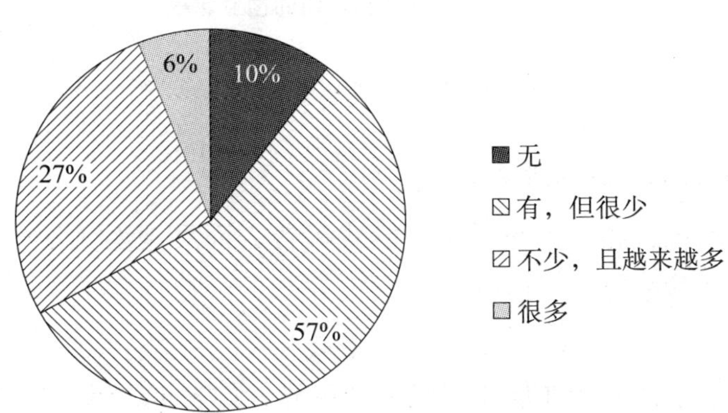

图 14　女大学生对就读院校创业教育相关课程的感知

向上的创业课程中，以创业实践课程的意愿程度最高，占到 38%，开设独立的专业的意愿最低，占 15%的比例（见图 16）。总体来看，女大学生对学校创业教育的需求较高，也较多元化。

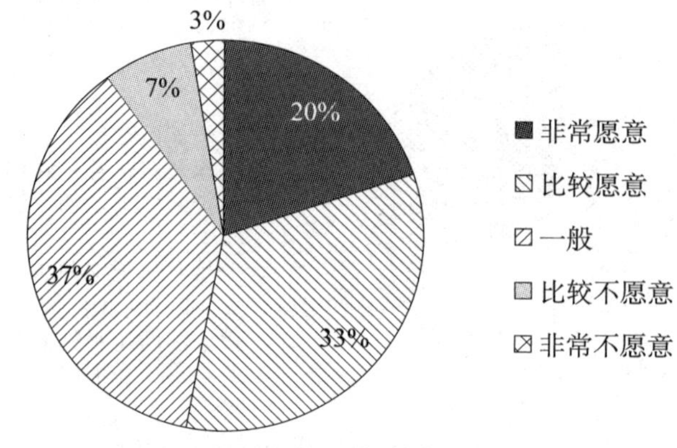

图 15　女大学生修读创业课程（培训）意愿

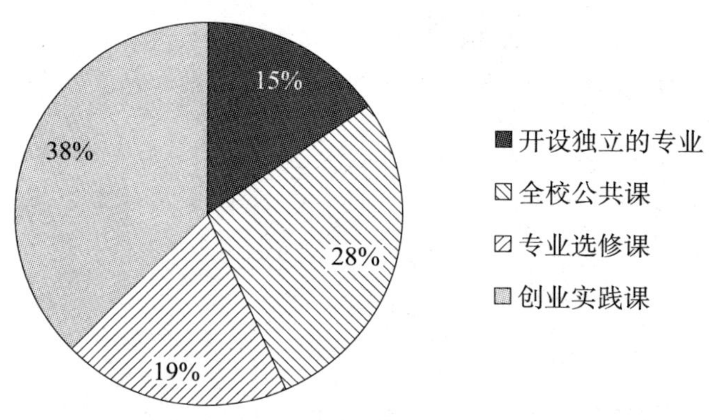

图 16　女大学生有意向的创业课程

（二）女大学生创业行为以及社会人口影响因素

1. 女大学生创业行为描述

我们从创业动机、经营状况、商业模式等各方面展现女大学生创业行为特点，并与样本中的男大学生创业者进行对比。

创业动机

分析男女大学生创业者在创业动机上的差异，如表 1 所示，有 36.9％的男性创业者选择将个人理想作为创业动机，女性位列首位的创业动机虽也是实现个人理想，但其比例为 24.8％，明显低于男性，而其赚钱动机的比例为 21.5％，又明显高于男性占比。可见，男性大学生创业者的动机情怀性更加显著，而相较于男性，女性创业者的创业动机则具有更强的务实性。

表1　　不同性别创业者的创业动机

性别	创业动机							
	实现个人理想	服务社会、创业报国	响应国家“双创”号召	赚钱	自由的生活方式	就业压力大、工作不好找	抓住好的商机	其他
男	128	43	29	48	50	13	33	3
	36.9%	12.4%	8.4%	13.8%	14.4%	3.7%	9.5%	0.9%
女	84	43	34	73	57	17	29	2
	24.8%	12.7%	10.0%	21.5%	16.8%	5.0%	8.6%	0.6%
总计	212	86	63	121	107	30	62	5
	30.9%	12.5%	9.2%	17.6%	15.6%	4.4%	9.0%	0.7%

机会识别能力

如图17所示，女大学生创业者在各个维度的机会识别能力都显著低于男生。但与男生相似，女大学生创业者也是更善于从行业竞争和消费特点中挖掘商机的，行业视角和需求视角是主要切入点；但在宏观经济和政策层次，以及技术层次的机会识别最为不足。

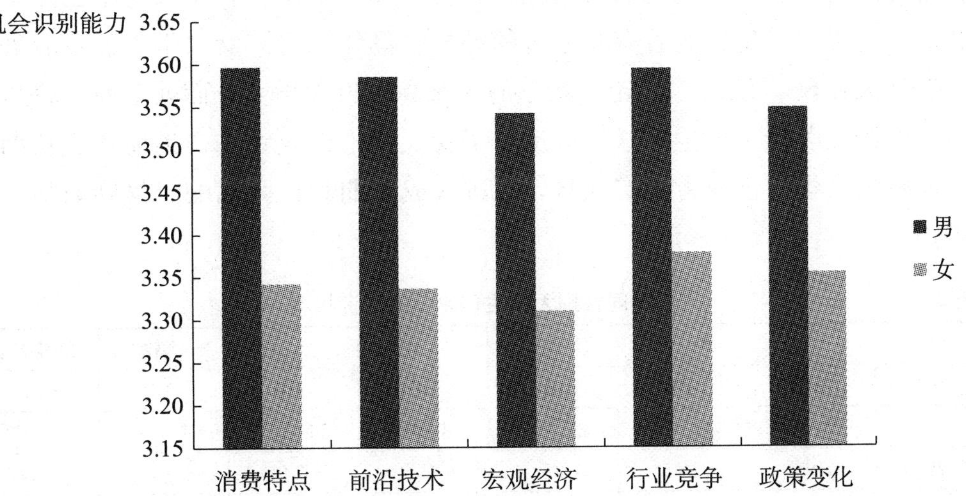

图17　男女大学生创业者在各个维度的机会识别能力比较

商业模式选择

初创企业的商业模式选择可从市场需求和技术驱动两端切入，即一从客户端出发，围绕客户需求进行价值捕获，实现价值创造；二从资源端着手，基于技术手段进行创业活动规划。分析结果可知，女大学生创业者两个方面的得分均显著低于男生。结果如图18所示，女性两项得分均低于3.3分，而男性高于3.5分。女大学生创业者对商业模式的选择或许没有给予充分的重视。

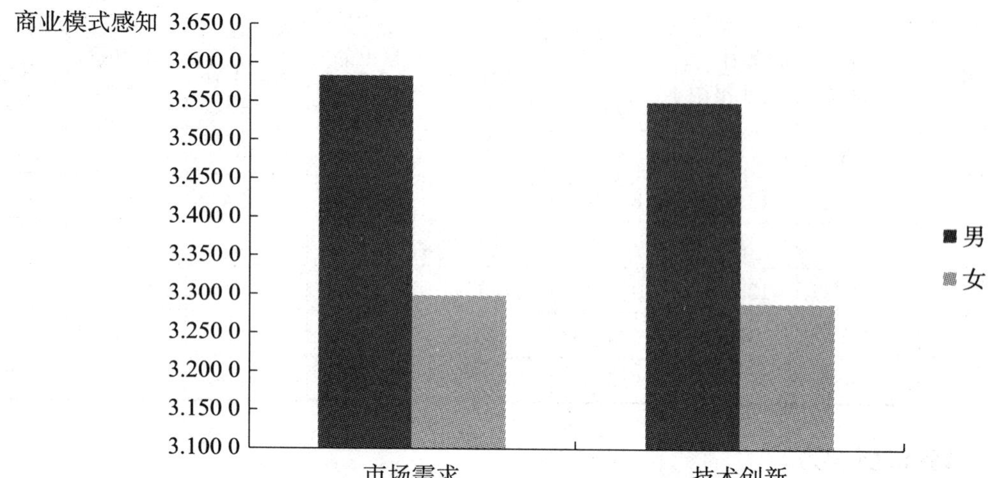

图 18　男女大学生创业者商业模式选择的比较

融资状况

由于现阶段创业融资的普遍发展，以及大学生创业者自身资金有限的现实，融资情况成为判断初创公司发展的重要指标。如表 2 所示，女大学生创业者在融资状况上与男大学生创业者有着显著的差异。具体来看，女大学生创业者处于中间状态（天使轮、A、B、C 轮）状态的显著高于男大学生，而处于种子轮和 D 轮及以上的则显著低于男生。这可能反映了女大学生创业者在初创期和成长期在融资方面较男大学生创业者更有优势，但进入成熟期和扩张期的时候则面临着更多的困难。

表 2　　不同性别大学生创业者的融资状况

		种子轮	天使轮	A 轮	B 轮	C 轮	D 轮及以上
女	计数	138	86	28	40	16	31
	占比	40.7%	25.4%	8.3%	11.8%	4.7%	9.1%
男	计数	182	53	27	24	14	47
	占比	52.4%	15.3%	7.8%	6.9%	4.0%	13.5%

经营状况

在绩效评定各个维度中，女大学生创业者的自我评定皆低于男大学生，其中，在销售额和市场估值两个维度与男大学生的差异显著。女大学生创业者自我评价最高的是利润，最低的是员工数（见图 19）。这与先前大学生创业企业多以小企业为主的结论一致，同时也体现出女大学生创业者企业或项目的高价值，能获得超过员工表现的利润回报。

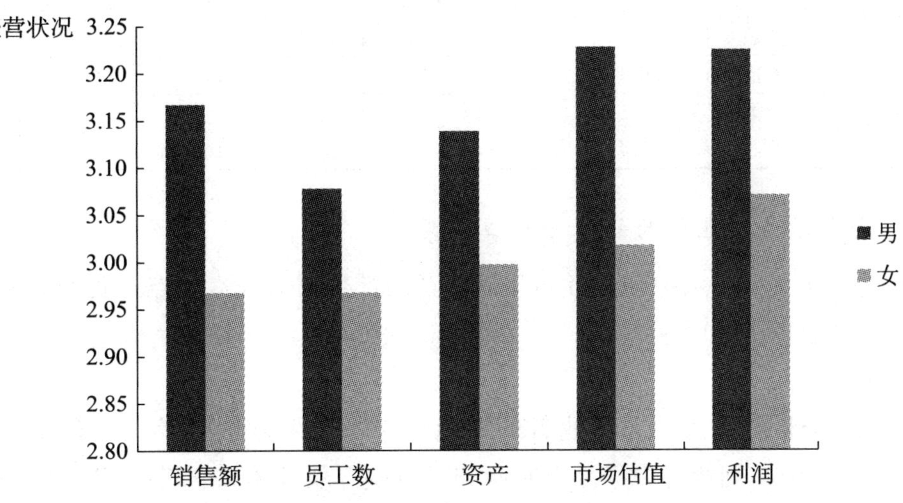

图 19　男女大学生创业者各维度绩效自我评定比较

创业障碍

如表 3 所示，53.4%的女大学生创业者认为阻碍其创业的最大障碍是资金缺乏，紧随其后的是缺乏指导，占 22.7%。相比较而言，男大学生认为资金是创业障碍的比例高于女性，缺乏指导的比例低于女性。此外，女性在认为寻求项目是创业障碍的比例也高于男性，这或许与此前女大学生机会识别能力较低的结果有关。针对女大学生的创业教育和指导显得尤为重要。

表 3　　不同性别大学生创业者对创业障碍的判断

性别		资金	场地	项目	手续繁杂	缺乏指导	家人反对	其他
女	计数	181	16	31	22	77	6	5
	占比	53.6%	4.7%	9.2%	6.5%	22.7%	1.8%	1.5%
男	计数	206	18	29	26	53	8	7
	占比	59.4%	5.2%	8.4%	7.5%	15.3%	2.3%	2.0%

创业成功

在所有的创业成功因素中，如表 4 所示，女大学生创业者认为团队最重要的比例最高，为 29.8%，而认为创业经验最重要的比例最低，为 5.9%。与男大学生相比，女大学生认为资金和商业模式是创业成功最重要的因素的比例低于男性。这与此前女性初创期和成长期融资状况优于男性及女性认为资金是创业最大障碍的比例低于男性的结论一致。统计显示女性在商业模式上得分较低，或许与女性对商业模式较为不重视有关系。

表 4 不同性别大学生创业者对创业成功因素的判断

		技术	团队	资金	时机	商业模式	创业机会	创业经验
女	计数	80	101	23	39	39	37	20
	占比	23.6%	29.8%	6.8%	11.5%	11.5%	10.9%	5.9%
男	计数	56	94	33	37	58	31	38
	占比	16.1%	27.1%	9.5%	10.7%	16.7%	8.9%	11.0%

2. 女大学生创业行为的社会人口因素

通过对比女大学生中创业者和非创业者的社会人口因素特点，我们分析了影响女大学生创业行为的因素。

专业

首先，分析创业者和非创业者的专业分布，结果显示两者之间有显著性差异（见表 5）。其中，创业者中经济学专业和“其他”类型专业的学生创业比例显著高于表中所列另外八个专业的。“其他”类专业主要包括艺术专业和一些职业技术类专业。经济学专业的学生可能因为具备更多创业相关的知识和训练而更多地选择创业，而“其他”类专业的学生可能由于就业选择有限而被迫进行创业。

表 5 女大学生创业者和非创业者的专业分布状况

		文学	理学	工学	管理	法学	医学	农学	经济学	其他	总计
非创业者	计数	3 184	2 100	1 983	1 681	589	1 749	192	938	1 070	13 486
	占比	23.6%	15.6%	14.7%	12.5%	4.4%	13.0%	1.4%	7.0%	7.9%	100.0%
创业者	计数	66	34	39	36	8	23	2	35	96	339
	占比	19.5%	10.0%	11.5%	10.6%	2.4%	6.8%	0.6%	10.3%	28.3%	100.0%

学校

对比不同类型的学校的女大学生创业者的比例，如表 6 所示，可以看出，985 和 211 的高校学生中女大学生创业者的比例小于普通本科院校和专科高职院校的。女大学生创业者中，985 高校的学生比例仅为 1.5%，211 的为 1.2%，普通本科最高，占比为 77.6%，专科高职为 19.8%。而非创业者的女大学生中，985 高校比例为 12.4%，211 比例为 5.4%，普通本科为 67.5%，专科高职为 14.8%。

表 6 不同类型学校女大学生创业者和非创业者的占比状况

		普通本科	985	专科高职	211	总计
非创业者	计数	9 100	1 666	1 991	730	13 487
	占比	67.5%	12.4%	14.8%	5.4%	100.0%
创业者	计数	263	5	67	4	339
	占比	77.6%	1.5%	19.8%	1.2%	100.0%

成绩

对比创业和非创业的女大学生可以看出，创业者的成绩在班级前20%的比例显著高于非创业者，而其他成绩排名的比例则显著均低于非创业者（见表7）。由此可见，女大学生中成绩较好的更倾向于创业。

表7　女大学生创业者和非创业者在班级成绩各档中的占比状况

		班级前20%	班级前20%～40%	班级40%～60%	班级60%～80%	班级后20%	总计
非创业者	计数	6 941	2 984	2 190	895	477	13 487
	占比	51.5%	22.1%	16.2%	6.6%	3.5%	100.0%
创业者	计数	233	58	31	11	6	339
	占比	68.7%	17.1%	9.1%	3.2%	1.8%	100.0%

学校地区

从学校分布的地区来看，北部、东北地区高校的女大学生创业者的比例高于其他地区的，这与创业意愿的地区分布模式一致，即北部、东北地区高校的女大学生创业意愿和创业行为都高于其他地区（见表8）。其中的机制有待进一步探讨。

表8　不同学区女大学生创业者和非创业者的占比状况

		东部	西部	南部	北部	中部	东北	北上广深	总计
非创业者	计数	5 331	3 043	0	957	1 050	1 683	1 423	13 487
	占比	39.5%	22.6%	0.0%	7.1%	7.8%	12.5%	10.6%	100.0%
创业者	计数	80	45	9	37	9	148	11	339
	占比	23.6%	13.3%	2.7%	10.9%	2.7%	43.7%	3.2%	100.0%

家庭

从父母职业类型来看，女大学生创业者和非创业者父母职业类型分布之间存在着差异。如表9所示，创业者中父母职业属于“产业工人”和“其他”的比例略微高于非创业者。因为“其他”类型具体包含哪些职业不是很明确，因此，父母职业对女大学生创业者的影响仍待进一步探究。

表9　父母职业类型不同，女大学生创业者和非创业者所占比例

		农村	产业工人	个体工商户	专业技术人员	私营企业主	企业管理者	社会国家管理者	其他	总计
非创业者	计数	8 102	1 177	1 548	407	310	254	468	1 221	13 487
	占比	60.1%	8.7%	11.5%	3.0%	2.3%	1.9%	3.5%	9.1%	100.0%
创业者	计数	197	31	35	3	4	6	12	51	339
	占比	58.1%	9.1%	10.3%	0.9%	1.2%	1.8%	3.5%	15.0%	100.0%

（三）女大学生职业生涯发展及其与创业意向和创业行为的关系

职业生涯发展是大学生个人发展非常重要的一个部分，直接影响大学生今后的职业道路和成就。但是职业生涯发展对大学生创业的影响却没有受到重视。本次调查首次调查了职业生涯发展对女大学生创业意向和行为的影响。研究中涉及的职业生涯发展包含两个部分，即职业成功观和未来工作自我。

职业成功观是主观职业成功标准，即人们对职业成果意义的认识和评价，包括外在报酬、内在满足及和谐平衡三个维度（周文霞，2008）。职业成功观是个体价值观在职业成功问题上的具体反映，是人格的核心组成部分。个人在职业生涯中的行为导向和行为规范都是以职业价值观为基础的。价值观会通过影响个人的态度而影响一个人的生活和工作的方式，进而对其生活和工作的结果产生决定性的作用。职业成功观作为职业价值观的一个部分，具有提供态度和行为导向的属性（周文霞，2008）。职业成功观反映了人们的职业目标，它在整个职业发展的过程中提供了更明确而强大的动力支持。因此持有不同的职业成功观的个体的职业行为和状态都会有所差异。本次调查中职业成功观采用周文霞等人开发的职业成功观量表测量学。共 10 个条目，学生通过 Likert5 点量表从 1（完全不同意）到 5（完全同意）进行评价。职业成功观分为外在报酬（3 个条目）、内在满足（4 个条目）以及和谐平衡（3 个条目）三个维度，例题："职业成功就是在职位上不断获得晋升，直到组织高层""当我的潜能得到充分发挥时我才觉得算是职业成功""职业成功就是在工作之余还有充分的时间享受生活"。其中该问卷外在报酬维度、内在满足维度以及和谐平衡维度的 Cronbach's α 系数分别为 0.79、0.86 和 0.89。

未来工作自我是指个体对未来工作的希望和抱负是否清晰和详细。职业成功观决定个体职业目标的内容，而未来工作自我则显示个体是否有清晰和详细的职业目标。未来工作自我清晰且详细的个体有意愿为未来职业发展付诸行动。个体对自我认识越清晰，他的自我调节系统越容易驱使自己为目标付诸努力，进而从事一系列行动。未来工作自我能够引导个体产生主动职业行为、主动调整行为。并不是所有个体都可以清晰地表达出未来工作自我，个体对其未来工作易于想象的程度越高，则说明他们的未来工作自我清晰度高。未来工作自我清晰度可以通过自我生成目标和策略构成一种激励资源，进一步引导个体的主动职业行为。本次调查中未来工作自我采用管延军等人开发的量表测量，由 4 个条目构成。例题如："我可以很早就构想出自己未来工作""我在心里构建出了一个关于未来的清晰的画面"。采用 Likert 5 点量尺计分法，针对完全不同意到完全同意给予 1～5 分的分数，分数愈高代表个人未来工作自我清晰度越强。本研究该量表的 Cronbach's α 系数为 0.91。

1. 女大学生职业生涯发展状况

女大学生的职业生涯各个维度的测量总分均为 5，本研究的女性样本得分为 3.03～3.68 分，总体得分处于较为高的水平（见表 10）。其中，职业成功观方面，和谐成功观最高，内在成功观次之，外在成功观最低。进一步分析女大学生职业生涯发展与男大学生的发展可以看出，女大学生的未来工作自我显著低于男大学生，女性的内在职业成功观和和谐职业成功观都显著高于男性，而外在职业成功观低于男性，这与传统的性别角色较为一致。不过，同时也可以看到，男大学生的职业成功观的排序与女大学生保持一致，和谐成功观最高，内在成功观次之，外在成功观最低。

表 10　　不同性别大学生职业生涯发展各维度比较

		个案数	平均值	方差
未来工作自我	男性	9 352	3.42	1.00
	女性	13 487	3.31	0.92
外在成功观	男性	9 352	3.15	1.01
	女性	13 487	3.03	0.92
内在成功观	男性	9 352	3.51	0.97
	女性	13 487	3.55	0.91
和谐成功观	男性	9 352	3.61	1.10
	女性	13 487	3.68	1.05

2. 职业生涯发展对女大学生创业意向和创业行为的影响

我们分析了职业生涯发展对女大学生创业意向的影响。相关分析显示，职业生涯发展的各个维度都与创业意向有关，其与创业意向的相关系数为外在成功观与创业意向的相关系数为 0.16；内在成功观与创业意向的相关系数为 0.18；和谐成功观与创业意向的相关系数为 0.15；未来工作自我与创业意向的相关系数为 0.24。结果可以看出，创业意向受多方面的职业成功目标驱动，并且对自我未来目标越清晰的女大学生越倾向于创业。

3. 职业生涯发展对女大学生创业行为的影响

分析女大学生创业者和非创业者的职业生涯发展各个维度的得分（见图 20），结果显示创业的女大学生的内在成功观和和谐成功观显著低于非创业者，外在成功观和未来工作自我两者的差异不显著。这可能是因为传统的女性内在成功观和和谐成功观都较高，而要进行创业的女大学生需要突破传统的女性性别角色，更多倾向于男性角色，因此与非创业的朋辈相比，需要降低内在的成功观和和谐观。

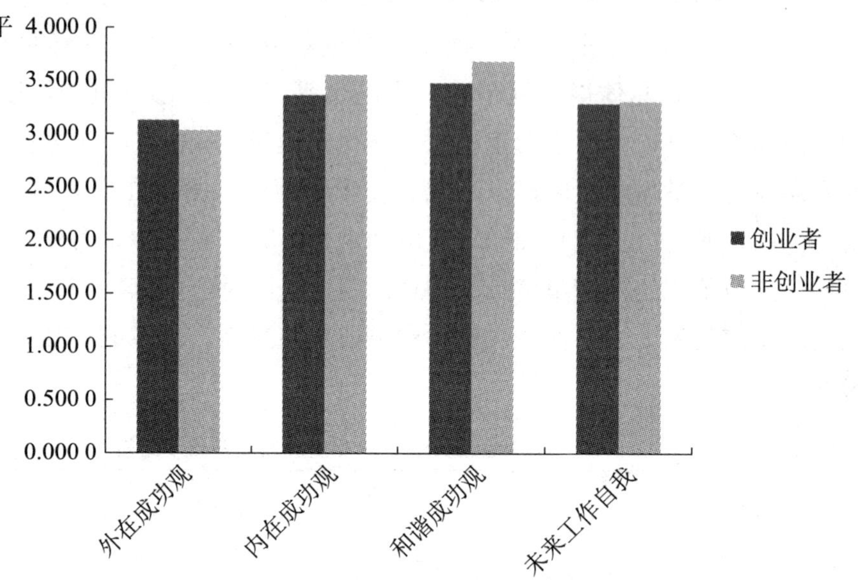

图 20　女大学生创业者和非创业者职业生涯发展各维度比较

进一步分析创业和非创业的男大学生的职业生涯发展的差异似乎验证了这一结果。如图 21 所示，在男大学生中，创业者和非创业者相比，外在成功观和未来工作自我都显著较高。因为男性本身没有传统的性别角色的束缚，因此进行创业需要的是更突出传统男性性别角色，追求更多的外在成功和清晰的未来工作自我。

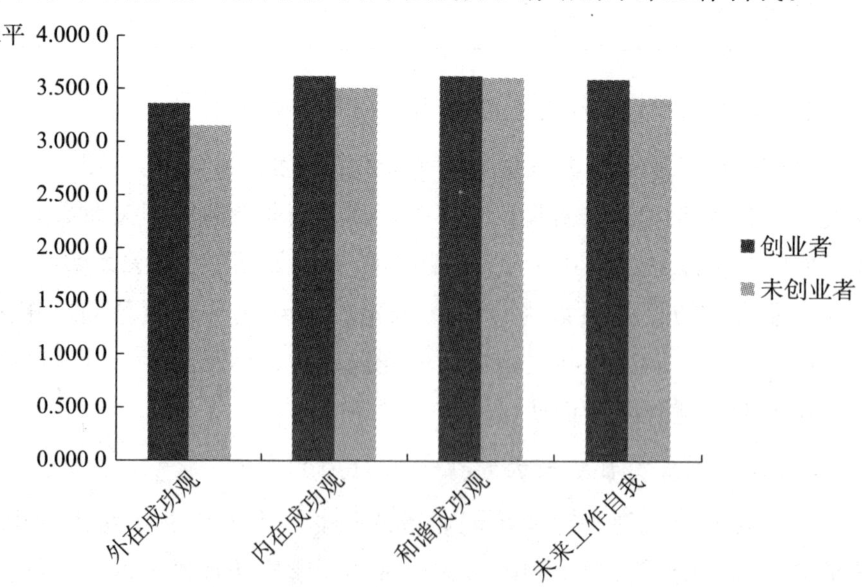

图 21　男大学生创业者和非创业者职业生涯发展各维度比较

五、结论与讨论

创业研究是社会科学的一大热点，国内外过往针对大学生和女性的创业研究已经取得了一定的成果。然而综观国内外，关于女大学生的研究，特别是实证研究，还处于起步阶段。女大学生作为一个特殊的群体，兼具大学生和女性的特点，因此她们的创业活动需要得到特别的关注。而同时，过往国内女大学生的创业研究，往往忽视了女大学生内部的差异，没有针对不同层次、类型高校的女大学生作细化系统的研究。针对这些不足，本次调查研究以全国性的样本深入研究女大学生的创业意向和行为问题。研究调查了女大学生创业意向和行为水平和内涵，不同类型的女大学生创业意向和行为对比，以及女大学生创业教育感知和职业生涯发展状况。

(一) 研究主要发现

从女大学生的创业意向水平和内涵来看，女大学生的创业意向和一般女性群体相比还是相对较高，并且呈现内在驱动性。只有16.1%的女大学生从来没有想过创业，女大学生对创业的认识中占比最高的是认为创业是为了开创一份新事业，创业动机占比最高的是为了实现个人理想，想当企业家。这一结果与传统的推拉理论认为的女性创业更多是因为推力而不是拉力不相符合。可以看出，女大学生群体创业也是因为拉力和内在驱动的。然而，与男大学生群体相比，女大学生的创业意向仍然较低，男大学生创业的内在驱动力占比显著高于女生。因此，一方面女大学生因为良好的教育背景，已经具有摆脱女性低质量创业的潜质，但另一方面也可以看出，创业性别角色的差异还在一定程度上存在着。

通过对比女大学生和男大学创业者的行为，我们也看到女大学生创业行为呈现出的特点。概括来说，和男大学生相比，女大学生创业者更多是机会驱动型，创业机会识别能力较低、商业模式思考较少、运营方面在销售额和估值方面较差，创业障碍方面对创业指导需求较高。同时，女大学生创业者在初创期和成长期的融资表现优于男性，但扩张期落后于男性，因此女大学生感知到的创业障碍方面对资金的障碍感知较低。

进一步研究对于女大学生创业意向和行为的社会人口因素结果表明，女大学生内部存在着显著的差异。研究结果显示，女大学生中最终进行创业行为比例最高的是地处北方和东北地区的普通本科（除985、211外的本科院校）院校中成绩为班级前20%的学生。而创业意向最高的是专科高职院校中成绩最差的学生，但是这一群体可能因为能够接触到的创业知识和资源有限，所以阻碍了她们将创业意向转换为创业行动。

本次调查研究还首次探索了女大学生职业生涯发展与其创业意向和行为的关系。从结果中可以看到，女大学生增加各个方面的职业成功观念和增强对未来自我的清晰度都有利于提高创业意向。而进一步上升到创业行为，则女大学生需要适当降低内在和和谐职业成功观，突破传统性别角色的束缚。

（二）政策建议

首先通过调查可以看到，女大学生感知到的就读院校的创业课程和实践培训相对较为薄弱，认为创业课程和培训“有，但很少”和“没有”的比例高达60%～70%。女大学生表现为对各种不同形式的创业课程和培训需求都较高。而女大学生创业者感知到的创业障碍中，认为缺乏创业指导的比例显著高于男大学生。因此创业教育和指导对女大学生来说尤为重要。学校和政府需要发挥更大的作用，为女大学生提供更多的创业教育和指导。

其次，我们可以看到各种不同类型的女大学生之间的区别。例如专科高职院校成绩最差的女大学生创业意向最高，但是实际创业行为并不高，这启示我们在实践工作中要更多地为这一群体提供创业教育和支持，帮助她们将创业意愿转换为行动。另外一方面，985和211高校的学生，创业意向和行为都较其他类型高校的学生低，因此实践工作者也需要制定措施激发这一学生群体的创业意愿和行动，充分发挥他们的人力资本优势，提高我国大学生创业的质量。

最后，调查结果中可以看到，女大学生的职业生涯发展与其创业意向和行为相关联。针对大学生的职业生涯教育和干预，既能增进大学生的职业生涯发展，提高大学生择业就业的能力和质量，同时还能够促进大学生的创业，可以说是一举两得，有很高的收益。今后高校的职业生涯实践中可以探索将两者进行结合的最有效的途径，做到事半功倍。

第一章　女性创业教育研究综述

一、女性创业：概念与特征

随着经济的快速发展及社会观念的转变，女性角色在政治、商业和科研等领域也发生巨大转变，越来越多女性走向创业之路。女性创业被认为是摆脱女性贫困、提高女性地位、缓解就业压力、推动经济发展与社会进步的重要途径（姚晓芳、代宇，2011；居凌云、梅强，2014）。国内外学者高度关注女性创业，研究主要涉及女性个体特征、创业动机、创业的影响因素、创业教育等方面。

（一）女性创业的概念

创业的定义尚未形成权威的界定，其中为学术界较为广泛接受的是 Stevenson 和 Jarillo（2007）提出的定义，他认为创业是一个人不管是独立的还是在一个组织内部，识别和捕获机会的过程，这一过程与其当时控制的资源无关。还有一部分学者在此基础上延伸了创业的概念，将创业界定为是一个发现、获取和利用机会并由此创造出新颖的产品、服务并实现其潜在价值的过程。女性创业则是指女性作为创业主体，为了实现自身目的而展开的符合创业性质的活动过程（王立新、竹佳丽，2018）。童亮、陈劲（2004）借鉴国外关于女性创业者的定义，将符合下列三个条件的女性称为女性创业者：（1）参与创业企业的创建过程；（2）拥有企业的部分产权；（3）参与企业经营管理。这意味着女性创业者同时扮演着企业的创建者、所有者和经营者三种角色（邓子鹃，2013）。

（二）女性创业的特征

女性个体特征因素包括个性特质、女性特质以及人力资本（孙国翠、王兴元，2012）。研究表明，女性创业者以中青年女性为主体，大部分集中在30～45岁；创业者多为已婚，重视家庭的支持；国外的女性创业者的学历以大学为主，而国内女性创业者文化层次总体不高，学历大多数在大学以下；从事的行业多以批发零售业、服务业为主，科技含量相对较低（高秀娟，2009；居凌云、梅强，2014；许艳丽、王岗，2017；Scott，1986；Neider，1987）。

创业者拥有一组特定的个性特质，而这对创业有着重要影响（Rauch & Frese，2000；Frank et al.，2007）。个性特质就女性创业的研究来说一般是建基于男女创业者的对比研究上。研究显示，女性创业者同男性创业者在个性因素（Sexton & Bowman，1986）、心理特征、风险承担倾向几方面的共性更大，即创业成功的女性大多富有冒险精神、不怕失败、吃苦耐劳等（李成彦，2012）。但在教育经历、职业经历方面有着很大的差异。女性创业者教育水平虽然与男性差异不大，但所学的专业领域却有很大区别，女性更多学习的是文科类，而男性更多学习的是商业、工程或技术类等。因而女性创业者的工作经历一般也是从事零售业、文秘等服务业，而男性更多从事科研、管理或技术等工作（Scott，1986；Neider，1987），女性创业者往往缺少商务经验。而创业者的工作经历对其创业的领域有着重要影响，由此发现，女性创业的领域与男性创业领域差别大，女性创业的领域技术含量低，进入门槛低。

女性特质是指因性别原因使女性展现出的特有的能力和素质（孙国翠、王兴元，2012）。现有研究总结了部分女性特质：开创性、顽强的毅力、对员工的关怀、体贴顾客的需求、对社会目标的重视、通过创业寻求自我价值感、对女性文化和价值的推广。孙国翠、王兴元通过分析女性创业成功的因素进一步指出四个方面的女性特质，包含柔性（温柔贤淑、细腻、富有同情心、谦逊的），亲和关爱（善于协调沟通、有亲和力的、对人充满关爱的、善于倾听的），细致谨慎（注重关系的建立、注重细节的、步步为营、谨慎稳健的）和勤劳付出（富有牺牲精神、坚毅、勤劳、吃苦耐劳）。这些女性特质使得女性在创业时展现特有的优势，形成独特的管理风格，对创业绩效有一定的影响。但李成彦（2012）指出，对创业绩效产生实际影响的并不是性别本身，而是创业者的个体性别角色认定，其研究发现女性创业者的性别角色认定具有男性化和双性化特征。

人力资本是指个人具有经济价值的知识、技能和体力等质量因素之和。美国经济学家舒尔茨和贝克尔的人力资本理论表明，人力资本的核心是提高人口质量，教育投资则是人力投资的主要部分。胡怀敏、朱雪忠（2007）研究发现人力资本深刻作用于女性创业，教育背景对我国女性创业有影响，但实际工作经验、掌握的某项特殊技能比学历背景更有可能提高女性创业意愿和创业绩效。这在一定程度上说明，除了正规学校教育之外，还应该增加创业教育等培训教育，完善女性人力资本的结构。

二、女性创业：动机与影响因素

（一）女性创业动机

创业动机是创业行为背后的驱动力，激励创业者识别及利用机会，并努力实现创业成功。按照不同分类标准，创业动机可分为“推动”型与“拉动”型、生存型与机会型（胡怀敏、肖建忠，2007）。推动因素理论认为，创业是由于缺乏前景、为生计所迫，具体的推动因素有收入不足、失业、未充分就业、不满意的工作条件和前景、希望以更灵活的时间平衡家庭和工作以及其他促使女性辞去原有工作的家庭原因，这种创业动机实际是外界因素的推动。百森商学院的全球创业观察（GEM）报告也将“推动”型动机称为生存型动机，是因为没有其他更好的工作选择而被迫进行创业。与之相对的是拉动因素理论，也称为机会型动机，则是个体由于偏好主动进行的，具体的拉动因素有对商业的兴趣、获取创业利益的渴望以及社会使命等。

我国女性创业更多是由生存型动机驱动（胡怀敏、肖建忠，2007）。刘鹏程等（2013）基于全球创业观察数据进一步发现创业动机的性别差异，我国女性生存型创业率高于男性，机会型创业率低于男性。类似的，2015 年全球创业观察数据指出，在拉丁美洲和非洲地区，女性更可能出于生存需要创业。但在北美和亚太地区，女性和男性在创业动机方面没有明显的区别。尤其是在印度尼西亚、墨西哥和马来西亚，女性创业的比例几乎等同甚至超过男性创业者，其中，印度尼西亚和马来西亚有超过 80%的女性创业者属于机会型驱动，且这一比例高于男性。Širec 和 Močnik（2012）对斯洛文尼亚女性创业者调查的结果显示，追求更高的成就感是大多数女性的创业动机，即同样是机会型驱动。

（二）女性创业的影响因素

女性创业的影响因素作用于女性创业意愿、女性创业行为、创业感受和创业绩效等多个方面（邓子鹃，2013）。葛宝山、蒋海燕（2014）回顾梳理了46篇文献，将影响因素概括为女性创业者个人特征、自身内部因素和外部因素。胡怀敏（2007）则将影响因素划分为个人特质、创业动机、人力资本、社会资本、社会环境和制度环境等。孙国翠（2012）则研究了女性创业成功的影响因素，认为包括个体（个性特质、人力资本、女性特质）、创业环境（微观环境、宏观环境）和组织战略（初创战略）这三个维度、六个具体影响因素。本文将借鉴孙国翠、王兴元（2012）的研究，将影响因素分为个人层面和环境层面两个维度。

1. 个人层面

个人层面的影响因素主要包括个性特质、女性特质和人力资本。个人特质对创业具有影响，Rauch、Frese（2000）研究发现个性特质对创业动机形成阶段、创立阶段和创业成功阶段均有影响，但影响程度有所差异。Frank等（2007）同样发现了个性特质对创业不同阶段的异质性影响，其中个性特质对创业动机形成阶段的作用更强。

女性特质是基于女性主义理论，强调女性在组织特征、管理风格和绩效特征等方面与男性的不同。杨静、王重鸣（2013）研究发现女性创业型领导对创业组织绩效、员工内部产生积极影响。罗东霞等（2009）通过对创业女性抽样调查发现，女性特质与创业绩效正相关，女性创业者的情绪智力和自我效能感越高，就越有可能取得更高的创业发展绩效。

人力资本对企业的发展有重要影响，个体的教育经历、非正式教育经历和职业经历等都有助于提高个人的人力资本。而女性创业者的人力资本水平与创业投融资具有正向相关性，人力资本积累越多，越能为创业企业获取生存发展所需的财务资源，具体来说其经营经验积累会影响企业的生存率（Boden & Nucci，2000）。

2. 环境层面

女性创业会受到创业环境的影响，创业环境一般可以分为微观环境和宏观环境。微观环境主要是家庭环境和社会资本；宏观环境主要是社会环境等。

（1）微观环境

家庭环境往往是女性创业的微观基础。一方面，女性可能是出于平衡家庭和工作、照顾孩子的需要而被迫创业；另一方面，女性创业也非常重视家庭的支持，包括父母、配偶等的支持。而家庭对女性创业的正向影响就表现在女性可以从家庭获得资源支持。家庭可提供人力和商业资本，研究表明，家庭关系网络成为女性创业的直接或间接资金来源（Aldrich & Cliff，2003）。此外，家庭还能提供精神和情感支持，保持其创业的动力。

拥有的社会资本也是影响女性创业的重要微观环境要素。社会资本是创业者所处于社会结构中的位置价值，一方面创业者可从社会关系网络中获取信息以识别创业机会，另一方面创业者通过嵌入社会网络聚集和动员资源，为创业活动提供保障，降低创业活动的不确定性和风险，提高创业的成功率（Svendsen & Svendson，2004；杨俊等，2014）。但李新春等（2017）基于全球创业观察数据和全球政府治理指标比较研究，发现女性创业者的社会资本存量并非越多越好，社会资本拥有量超过临界点反而会降低女性的创业选择。

（2）宏观环境

学者研究讨论比较多的社会环境是社会文化环境、社会金融环境和制度环境。社会文化环境一般表现为传统文化及思想观念的消极影响，如不平等竞争的制约、性别歧视制约、女性群体自身发展不足的制约、刻板印象的制约等，因而社会环境对女性创业的影响高于对男性的影响。而社会金融环境则表现为女性创业者的融资更为困难的问题。一方面，女性创业者往往会遭到一定程度的“信用歧视”，无法获得期待的贷款，或者在获得相同的贷款时，会被要求承担更高的利率和更高的附加条件（葛美云、祝吉芳，2003）；另一方面，部分女性创业者确实缺少商业和管理经验，对自身的融资能力给予负面评价，也对其融资造成了负面影响。罗东霞、关培兰（2008）指出，中国女性创业常面临创业融资难的困境。当前，虽然学术界对女性创业有一定的研究，但实际创业支持政策中并没有区分创业者的性别异质性，促进我国女性创业的相关政策仍不能充分满足现实需要，因而李翠文等（2016）提出了我国女性创业政策理论框架及其完善措施，从社会文化环境、金融环境、创业教育等各方面进行完善，努力激发女性创业的活力。

三、女性创业教育

（一）女性创业教育概念

女性创业教育是指受教育者以女性为主体，教育内容和教育活动考虑了性别的差异，是基于女性特质和面临的现实情况所设计的。创业教育（Entrepreneurship education）兴于20世纪90年代。早在1989年，经济合作和发展组织专家Colin·Ball就提出了创业教育，他认为创业教育是除了学术性教育和职业性教育之外的第三种教育，是关于事业心和开拓技能的教育。1989年联合国教科文组织在“面向

21世纪教育国际研讨会”上正式界定创业教育的概念，“创业教育，从广义上来说是指培养具有开创性的个人，它对于拿薪水的人同样重要，因为用人机构或个人除了要求受雇者在事业上有所成就外，正在越来越重视受雇者的创新、冒险精神，创业和独立工作能力以及技术、社交、管理技能。”该报告指出要将创业教育提高到与学术教育和职业教育同等重要的地位。

但不同学者对创业教育概念的认识仍有不同。综合当前的研究成果，创业教育的内涵至少包括三个方面：一是培养受教育者自谋职业、创业致富的能力；二是培养和训练受教育者从事创业实践活动所必须具备的技能、能力和心理品质，并使其获得必要的知识；三是培养具有开创个性的社会变革的参与者（胡紫玲，2008）。这三方面层层递进，由此形成了两种创业教育观。狭义观点认为创业教育是进行企业、事业、商业等规划、活动、过程的教育；而广义观点则认为创业教育是进行事业心、进取心、探索精神、冒险精神等心理品质的教育，以培养其创造精神和创业能力（张丽琍、高秀娟，2009）。即创业教育培养四大核心能力：机会识别的能力、产生新的想法并获取资源的能力、创造和运营新公司的能力、创造性和批判性思维的能力（郑刚等，2018）。从操作层面来说，创业教育是训练创业思维及实操技能的活动项目（Kuratko，2005；Fayolle et al.，2006）。

教育作为一个特殊的社会活动，包括教育者、受教育者、教育中介系统（教育内容和教育活动）三个不可或缺的基本要素（段从宇，2016）。Petridou 等（2009）基于对希腊高等教育学院1 639名学生的调研数据，发现女性与男性在创业教育参与度、对创业教育的态度有所不同。相对于男性，女性的创业教育程度更低，女性更加希望从创业教育中获取知识、提高技能，从而增强职业竞争力和社会网络资源。因而，张继宏（2011）基于女性创业的优劣势指出女性创业教育的重要性，要建设有针对性的培训教育体系，不仅要对女性进行技能培训，还应针对女性特质，开发专项心理品质培训项目，以改善女性固有观念。

（二）女性创业教育的影响

创业教育能促进创业者的创业动机与意向的产生（杨湘玉等，2017；Küttim et al.，2014），增加创业者的知识，提高创业核心技能，从而对创业绩效、创业成功率和利润增长率产生影响。创业教育对创业意向有重要影响，英法两国就读科学和工程专业的大学生的一项实验研究表明，参加创业教育课程和培训对学生创业意向产生积极影响，因为学生可以从创业教育培训中得到灵感，并且习得的知识和获取的资源有助于将创业灵感转化为创业实践（Souitaris & Zerbinati，2007）。朱红和张优良（2013）基于对北京地区高校大学生的研究发现，高校创业教育能促发学生创业意向的产生，并提升创业意向与所学专业的匹配度。部分学者将创业教育的视角由学生群体扩展到潜在创业者群体。其中，文亮和李丽娜（2010）对我国下岗职工、失业者和高校毕业生等潜在创业者及初创企业的企业家进行调查，发现创业培训和创业能力对创业意向的产生有显著影响。但创业教育中不同的内容会产生不同的影响。Küttim 等（2014）基于对 17 个欧洲国家的大学生的调研发现，学生希望在创业教育中有更多的创业训练项目和社交课程与实践，而不仅仅是传统商业课程。Bae 等（2017）进一步研究发现，相对于商业教育，创业教育更能激发创业者的创业意向。

关于创业教育与创业企业绩效的关系，郑刚等（2018）进行了探讨，研究发现创业教育对创业企业绩效产生正向影响，其中正式创业课程对创业企业绩效有显著正向影响，而非正式创业教育与创业企业绩效无显著关系。

由于性别的差异，创业教育对女性产生不同的效果。杨湘玉等（2017）基于对北京高校大学生的研究发现，不同性别创业倾向的影响路径具有差异，其中，女性创业态度和创业能力对创业倾向影响路径系数更低，而创业态度和创业能力又受到人际关系的影响。因而，有针对性的女性创业教育能帮助女性更好建立和运用人际关系，加深对社会的理解，从而推动女性创业的发展。但相关女性创业教育对女性创业影响的文献较少，系统性研究也较少。

（三）高校女性创业教育实践

当前，女性因其独特优势、社会影响成为创业教育的重要群体，而女性创业教育以高校创业教育为主，世界各国很多高校都开设了以女性创业为指向的教育项目（阚阅，2016）。其中，斯坦福大学（Stanford University）、哈佛大学（Harvard University）、麻省理工学院（MIT）、百森商学院（Babson College）等美国高校开设的女性创业教育项目模式运行效果较好。我们也正在积极学习各国高校创业教育模式的经验，努力建设完善女性创业教育，提升女性创业意识和创业能力，推动女性创业。目前我国女性创业教育项目有高盛的“巾帼圆梦”计划和北京大学的木兰学院等。

1. 百森商学院女性创业领导力中心

百森商学院专门设立了女性创业领导力中心，以充分开发女性创业领袖的潜能，从而为其自身、所在机构和社会创造经济社会价值为宗旨，以女性创业教育研究为理论基础，实施了各种创新型的教育项目和活动。中心推出了“女性创业领导力学者”四年制本科学习项目，旨在结合学习、实验和辅导环节等多重手段以培养女性创业领袖。同时，该项目还设计了“女性创新进行时”实验室，鼓励女性创业者开展创新实践，为其提供了有益于创新创业的社群环境，有助于其积累创新创业的成功经验。另外，该中心开展了“性别启迪”（Gender Enlightened）和“女性演说家俱乐部”（Women Speaker Bureau）等全校性的创业教育活动，试图通过这些活动营造有利于女性创业教育的校园文化，构建性别平等的创业领袖角色模式（Babson College，2015；阚阅，2016）。

2. 斯坦福大学女性创业教育

斯坦福大学创新创业教育是全球最好的范本之一，其通过创新创业，对经济产生重要的推动作用。郑刚、郭艳婷（2016）基于斯坦福大学的创新创业调研结果认为，斯坦福创业教育成功实施的原因主要在于有先进的创业教育理念、有强大的师资力量、有完善的课程体系、有强大的支持网络以及可以高效利用的外部环境，并形成了有效的创新创业成果转化机制。随着时代的发展，斯坦福大学与时俱进，创业的发展路径有新的变化，女性创业教育成为重要分支。其中，斯坦福大学商学院开设了一系列女性创新创业教育相关的项目和课程，如女性领导力项目（Executive Program for Women Leaders）致力于提升女性的领导力，提供女性创业所需的商业及管理知识和实践机会等。

3. 高盛“巾帼圆梦”计划——女性创业项目

高盛“巾帼圆梦”计划于2008年启动，与世界各地50多所大学建立了合作关系，其中分别与我国的清华大学、浙江大学携手合作。“巾帼圆梦”是为期五年的女性创业助学计划，旨在为世界范围内的女性创业者提供商业教育以及融资途径，以促进更大范围的共同经济增长。该项目通过课程讲解、专题讨论、案例研究、商业计划与成长计划制订、创业基地考察和行动模块的跟踪咨询服务等方法，系统推进女性创业能力训练以及带动各地创业活动的提升。构筑“创业企业组织—项目师资团队—咨询服务网络—创业协作联盟的整合式指导计划”，针对性设计了一系列创业指导和支持活动。整个行动模块将通过持续跟踪，综合推进女性的创业活动，帮助她们创造更多的就业机会、商务业绩和社会价值。“巾帼圆梦”全球合作机构报告的数据显示，该项目的女性创业教育对女性学员的事业情况带来了即时和持续的改善，增加了就业机会并带动了社区经济的发展。

4. 木兰学院

木兰学院是由北京木兰汇公益基金会发起创立的全球首个专注女性领导力的学院，致力于培养面向未来的女企业家。学院于2017年成立，设有China W20（中国商界女性领袖20人委员会，China Women Leaders 20），并开设新领军者营和创业班，由北京大学国家发展研究院负责教学与教务，努力提升女性企业家的领导能力和创新能力，专注于女性企业家的发展。

（四）女性创业教育生态的国际比较

创业生态教育系统（Entrepreneurship Education Ecosystem）界定为大学在内部构建由研究中心、社团协会、技术专业机构等组成的动态化网络组织，以政策、资金、咨询、培训作为支撑平台，在外部则与企业、政府以及其他高校互动合作，进行教—研—训“三位一体”的体验式创业教育，旨在促进技术创新并直接服务经济发展（如图1-1所示）（何郁冰、丁佳敏，2015）。其中，女性创业教育生态系统是创业教育生态系统的重要组成部分。随着创新创业教育的发展，欧美等国已逐渐形成完善的女性创业教育生态系统。

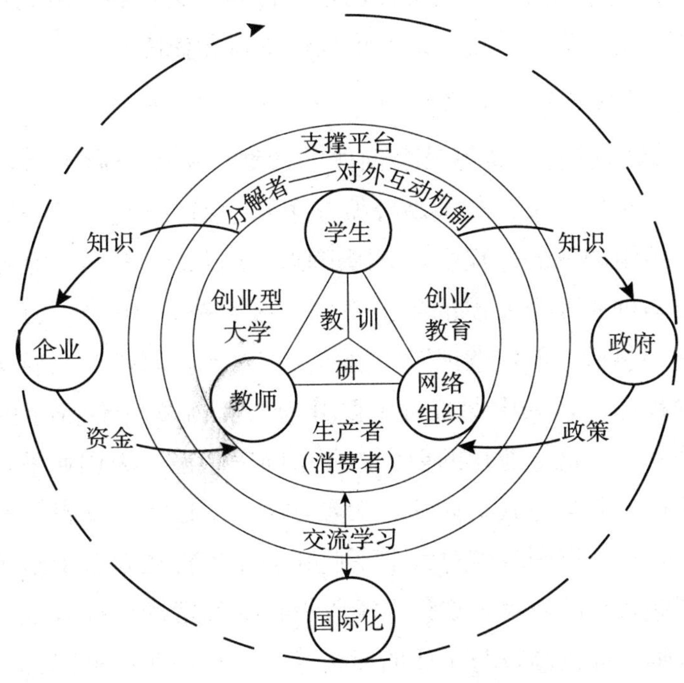

图1-1 创业教育生态系统的基本架构

1. 美国女性创业教育生态系统

自1947年哈佛大学商学院教授Myles Mace率先开设MBA项目创业课程以来，特别是历经20世纪80年代的繁荣发展，美国创业教育的发展日渐成熟，形成了一个涵盖政府部门、非政府部门、企业组织及教育机构等多重利益相关者的创业教育生态系统。（1）教育机构：美国众多高校设置系统化的创业教育课程，且形成了一批具有良好创业素养的专兼职教师队伍（季学军，2007）；（2）政府部门：美国各级政府为创业教育体系提供政策和法律支持、项目与经费支持以及外部环境支持；（3）非营利组织：众多的美国非营利组织以其独特的中介、桥梁和纽带地位在创业教育体系中发挥了公共部门和私人部门所无法替代的作用，提供了大量的创业支持和创业培训服务；（4）投资结构：美国创业教育生态系统中的投资机构主要包括天使投资机构和风险投资机构两大类，主要是为创业项目提供资金支持，解决融资难的问题；（5）企业组织：美国企业一方面直接为创业企业提供资金支持、技术援助，另一方面则是由专业化的创业孵化和加速公司提供全流程的创业支持服务（阚阅，2016）。

该创业教育生态系统非常重视且十分鼓励女性创业。一方面，美国很多高校都开设了女性创业教育项目，如百森商学院设立的女性创业领导力中心；另一方面众多女性基金会的支持也促进了美国女性创业教育的广泛开展。由此形成了良性的女性创业教育生态系统，为女性创业的发展提供支持和保障。

2. 英国女性创业教育生态系统

1987 年英国政府启动“高等教育创业”计划，从此开启了高校大学生创业教育。且 20 世纪 80 年代以来，英国高校掀起了从“研究型大学”到“创业型大学”演变的革命。在不断的发展过程中，英国形成了由政府、学校、企业和民间社团协力合作、共同推动创业教育发展的生态系统（张君萍，2016）。（1）教育机构：英国高校已经构建起包括“创业意识”“创业通识”“创业职业”三层次的机会导向型创业人才培养课程体系，其中课程可主要分为两类：“关于创业”的课程和“为创业”的课程。培养了一批专业化的创新创业型师资队伍，为创业教育提供保障。并且采用了灵活多样的教学方式，如师徒学习方法、工作实习项目、竞赛和多媒体案例教学等。（2）政府：英国政府对大学创业和创业教育在政策上给予支持，并成立相关机构推动创业教育的发展，如设立高等教育学院帮助高校制定和实施政策，表扬和奖励优秀教师，促进高校与企业的衔接等。（3）企业：英国大学与企业已经形成合同研究、合作研究、咨询服务三种主要合作形式，英国政府也不断推动大学与企业的良性互动，促进高校创新创业教育的发展，同时也提升了中小型企业的创新能力（黄兆信等，2016）。

英国教育生态系统注重创业教育的完备性，部分高校非常重视女性创业教育，如伦敦商学院针对女性创业开设了相关创业课程（陈江、陈明昆，2015），努力形成女性创业教育生态系统，进而完善这一系统。

3. 我国女性创业教育生态系统研究

国内虽然已经开始重视创业教育的发展，但女性创业教育及教育生态系统发展缓慢，系统性研究不足。一方面，我国女性创业教育研究较少且零散，仅有部分学者提出要建立并完善女大学生创业教育。唐红娟（2008）指出实施女大学生创业教育，对于培养女性“四有”精神非常有意义，要完善创业教育课程设置，重点培养女性的创新精神与科技创业技能，并增加实践教学环节和体验式教学途径。朱美燕（2018）提出可从政府主导、课程指导、导师督导、环境营导、实践引导和心理辅导六个方面构建高校女大学生创业教育生态系统。段从宇（2016）则提出应将创业教育延伸到整个社会系统，而不只是囿于正规学校教育体系之中，应结合社会新趋势，发展全社会的女性创业教育。与之类似的观点，Fischer 等（1993）通过研究，认为基于女性创业的劣势，应发展并强化女性创业教育，但应强化商业和管理技能而不是正规的学历教育。另一方面，我国女性创业教育生态系统研究不足，在现实生活中的女性创业教育生态系统尚未成形。因而，段从宇（2016）提出创业教育是一个集“家庭教育、学校教育、社会教育、自我教育”横向集群拓展和“基础教育、职业教育、高等教育、成人教育、老年教育”纵向层次延伸的全纳教育体系，应更多发挥“社会教育、家庭教育、成人教育、老年教育、自我教育”的创业教育功能，探索“互联网＋创业教育”“学术创业＋财商教育”等模式，促进创业教育生态系统深化发展，形成新兴增长点。

参考文献

[1] 郑刚，梅景瑶，郭艳婷，何晓斌．创业教育、创业经验和创业企业绩效．科学学研究，2018，36（6）：1087－1095.

[2] 王立新，竹佳丽．关于国内外女性创业现状的研究．科技经济导刊，2018，26（8）：187－188、190.

[3] 朱美燕．高校女大学生创业教育模式的构建研究．现代教育科学，2018（1）：32－36.

[4] 李新春，叶文平，朱沆．社会资本与女性创业（1）——基于 GEM 数据的跨国（地区）比较研究．管理科学学报，2017，20（8）：112－126.

[5] 葛宝山，蒋海燕．女性创业意向研究前沿分析．管理现代化，2014（2）：47－49.

[6] 李翠文，唐明凤，刘丹萍．我国女性创业政策理论框架及其完善措施——基于女性创业理论视角．中国劳动，2016（12）：27－31.

［7］段从宇．创业教育的内涵、要素与实现路径．新疆师范大学学报（哲学社会科学版），2016，37（6）：43－51.

［8］阚阅．美国创业教育发展的主要特征及若干启示．华东师范大学学报（教育科学版），2016，34（2）：45－51、115.

［9］朱红，张优良．北京高校创业教育对本专科生创业意向的影响机制——基于学生参与视角的实证分析．清华大学教育研究，2014，35（6）：100－107.

［10］居凌云，梅强．女性创业的现状与需求分析．软科学，2014，28（4）：78－82.

［11］杨静，王重鸣．女性创业型领导：多维度结构与多水平影响效应．管理世界，2013（9）：102－115、117、187－188.

［12］邓子鹃．国内近10年女性创业研究述评．妇女研究论丛，2013（1）：115－121.

［13］孙国翠，王兴元．女性创业成功影响因素分析．东岳论丛，2012，33（2）：153－157.

［14］李成彦．创业女性性别角色认定的特征及差异研究．妇女研究论丛，2012（1）：22－26.

［15］张继宏．女性创业优势、劣势分析与对策．经济研究导刊，2011（16）：106－108.

［16］姚晓芳，代宇．国内女性创业研究述评．经济问题探索，2011（1）：94－98.

［17］罗东霞，关培兰，曾伏娥．女性特质与创业发展绩效分析．商业研究，2009（11）：71－75.

［18］高秀娟．女性创业家个体、组织及环境特征的研究综述．妇女研究论丛，2009（4）：85－90.

［19］唐红娟．创业型经济时代高校实施女大学生创业教育的意义与思路．中华女子学院学报，2008（4）：42－45.

［20］胡紫玲．女性视角下的高校创业教育研究．华中农业大学（硕士论文），2008.

［21］胡怀敏，肖建忠．不同创业动机下的女性创业模式研究．经济问题探索，2007（8）：24－26、39.

［22］胡怀敏，朱雪忠．人力资本对女性创业的影响研究．经济师，2007（4）：68、189.

［23］童亮，陈劲．女企业家的创业动机研究．中国地质大学学报（社会科学

版），2004（4）：17－21.

［24］杨俊，韩炜，张玉利．工作经验隶属性、市场化程度与创业行为速度．管理科学学报，2014，17（8）：10－22.

［25］杨湘玉，程源，刘云．创业倾向影响路径的性别差异研究．科研管理，2017，38（6）：84－90.

［26］黄兆信，张中秋，赵国靖，王志强．英国高校创业教育的现状、特色及启示．华东师范大学学报（教育科学版），2016，34（2）：39－44、114.

［27］何郁冰，丁佳敏．创业型大学如何构建创业教育生态系统？科学学研究，2015，33（7）：1043－1051.

［28］陈江，陈明昆．共性特征与现实差异：美英日高校创业教育比较审视．继续教育研究，2015（3）：139－142.

［29］刘鹏程，李磊，王小洁．企业家精神的性别差异——基于创业动机视角的研究．管理世界，2013（8）：126－135.

［30］季学军．美国高校创业教育的动因及特点探析．外国教育研究，2007（3）：62－65.

［31］许艳丽，王岚．创新驱动发展战略下女性创业的新趋势、新挑战与新路径．科学管理研究，2017，35（3）：91－93、113.

［32］张君萍．英国创新创业教育的启发．光明日报，2016－02－16（13）.

［33］葛美云，祝吉芳．欧盟中小企业政策支持女性创业发展的启迪——性别意识应纳入我国中小企业的决策之中．江苏社会科学，2003（1）：59－64.

［34］胡怀敏．我国女性创业及其影响因素研究．华中科技大学（博士论文），2007.

［35］罗东霞，关培兰．经济转型期中国女性创业者社会资本与融资战略研究．科技进步与对策，2008（11）：226－229.

［36］文亮，李丽娜．创业意向影响因素分析．求索，2010（9）：78－79、221.

［37］张丽琍，高秀娟．中外女性创业管理与创业教育状况比较研究．理论界，2009（10）：183－186.

［38］郑刚，郭艳婷．迈向创业教育 2.0：斯坦福大学创业教育大众化的经验借鉴及启示．西安电子科技大学学报（社会科学版），2016，26（3）：96－103.

［39］Stevenson H H，Jarillo J C. A paradigm of entrepreneurship：Entrepreneurial Management/Entrepreneurship. Springer，Berlin，Heidelberg，2007：155－170.

［40］Scott C E. Why more women are becoming entrepreneurs. Journal of Small Business Management，1986，24：37.

[41] Rauch A, Frese M. Psychological approaches to entrepreneurial success: A general model and an overview offindings. International review of industrial and organizational psychology, 2000, 15: 101 - 142.

[42] Frank H, Lueger M, Korunka C. The significance of personality in business start-up intentions, start-up realization and business success. Entrepreneurship & Regional Development, 2007, 19 (3): 227 - 251.

[43] Sexton D L, Bowman-Upton N. Female and male entrepreneurs: Psychological characteristics and their role in gender-related discrimination. Journal of business venturing, 1990, 5 (1): 29 - 36.

[44] Širec K, Moĉnik D. Gender specifics in entrepreneurs' personal characteristics. Journal for East European Management Studies, 2012: 11 - 39.

[45] Petridou E, Sarri A, Kyrgidou L P. Entrepreneurship education in higher educational institutions: the genderdimension. Gender in Management: An In-ternational Journal, 2009, 24 (4): 286 - 309.

[46] Bae T J, Qian S, Miao C, et al. The Relationship between Entrepreneurship Education and Entrepreneurial Intentions: A Meta-Analytic Review. Entre-preneurship theory and practice, 2014, 38 (2): 217 - 254.

[47] Alolrich H E, Cliff J E. The pervasive effects of family on entrepreneurship: Toward a family embeddedness pespective. Journal of business venturing, 2003, 18 (5): 573 - 596.

[48] Boden Jr R J, Nucci A R. On the survial prospects of men's and women's new business ventures. Journal of business venturing, 2000, 15 (4): 347 - 362.

[49] Svendsen G L H, Svendsen G T. The creation and destruction of social capital: entrepreneurship, co-operative movements, andinstitutions. Edward Elgar Publishing, 2004.

[50] Kurato D F. The emergence of entreprenearship education: Development, trends and challenges. Entrepreneurship theory and practice, 2015, 29 (5): 577 - 597.

[51] Fayolle A, Gailly B, Lassas-Clerc N. Assessing the impact of entrepreneurship education programmes: a new methodology. Journal of European indu-strial training, 2006, 30 (9): 701 - 720.

[52] Fischer E M, Reuber A R, Dyke L S. A theoretical overview and extension of research on sex, gender, and entrepreneurship. Journal of business ventu-ring,

1993，8（2）：151－168.

［53］Neider L. A preliminary investigation of female entrepreneurs in Florida. Journal of small business management，1987，25（3）：22.

［54］Souitaris V，Zerbinati S，Al－Laham A. Do entrepreneurship programmes raise entrepreneurial intention of science and engineering students? The effect of learning，inspiration and resources. Journal of Business venturing，2007，22（4）：566－591.

［55］Küttim M，Kallaste M，Venesaar U，et al. Entrepreneurship education at university level and students' entrepreneurial intentions. Procedia－Social and Behavioral Sciences，2014，110：658－668.

第二章 在校大学生创业动机及高校创业教育状况调查报告

一、在校大学生创业问卷调查概况

（一）调查说明

为全面了解我国高校在校生的创业倾向和各高校创业教育的开展情况，系统了解大学生创业心理和高校现有创业生态体系，进一步做好创新创业教育工作，支持和促进大学生创新创业，课题组在全国普通高等学校中开展了在校生创业倾向与需求问卷调查。

调查对象为全国普通高等学校的在校大学生。问卷由两部分组成，第一部分为基本信息，第二部分为创业问题。调查采取无记名网络问卷调查的形式，填答者可在个人电脑（PC）端、移动端等多种平台填答问卷。每个 IP 地址或者移动端号限填一份问卷。调研分两阶段进行，第一阶段 2018 年 7 月—9 月暑假期间，委托万学教育进行调研，由万学教育与其合作院校老师联系发放问卷；第二阶段 2018 年 9 月—10 月，委托商学院学生对随机抽样的院校进行重点调研。

本次问卷调查数据中存在部分数据表格中各选项实际总计数和应有总计数不符合的问题，以及部分调查结果与主报告内容不符的情况，系由于原始答卷中存在少数超出问题回答选项的回答内容以及空白回答，此种情况占比极小，一般不超过 1%～2%。为保证分析的一致性，除原始选项中有“其他”项目的以外，其他存在不相符情况的题目均予以删除，特此说明。

（二）调查数据基本描述

1. 总体问卷类型

此次针对在校大学生的调查覆盖全国 29 个省（市、区）的 331 所高校，共有 22 837 名在校大学生参与。

2. 性别分布

在调查对象为在校大学生的问卷中，男性受访者有 9 352 人（占比 41%），女性有 13 485 人（占比 59%），如图 2－1 所示。

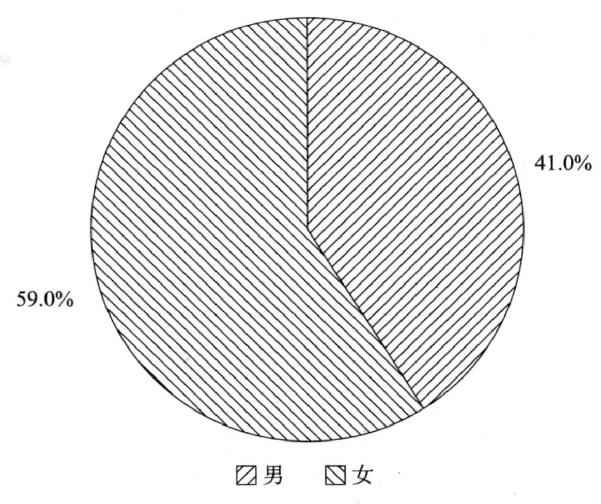

图 2－1　调查样本的性别分布

3. 年龄分布

本次调查问卷中显示，年龄跨度较大，最小为 16 岁，最大为 40 岁；年龄分布较为集中，96.3%的受调查者分布在 18～22 岁，其中 18 岁和 20 岁的受调查者数量领先，分别占总人数的 27.4%和 26.7%。具体调查样本分年龄统计如图 2－2 所示。

4. 学历分布

分析调查样本的学历分布，如表 2－1 所示，本科占比高达 78.1%，说明调查对象主要为本科生；高职高专次之，占比为 20.3%；博硕占比仅为 1.6%，其中学术硕士为 0.9%，专业硕士为 0.4%，博士为 0.3%，这一结果低于我国现阶段硕士、博士学历的人数分布。

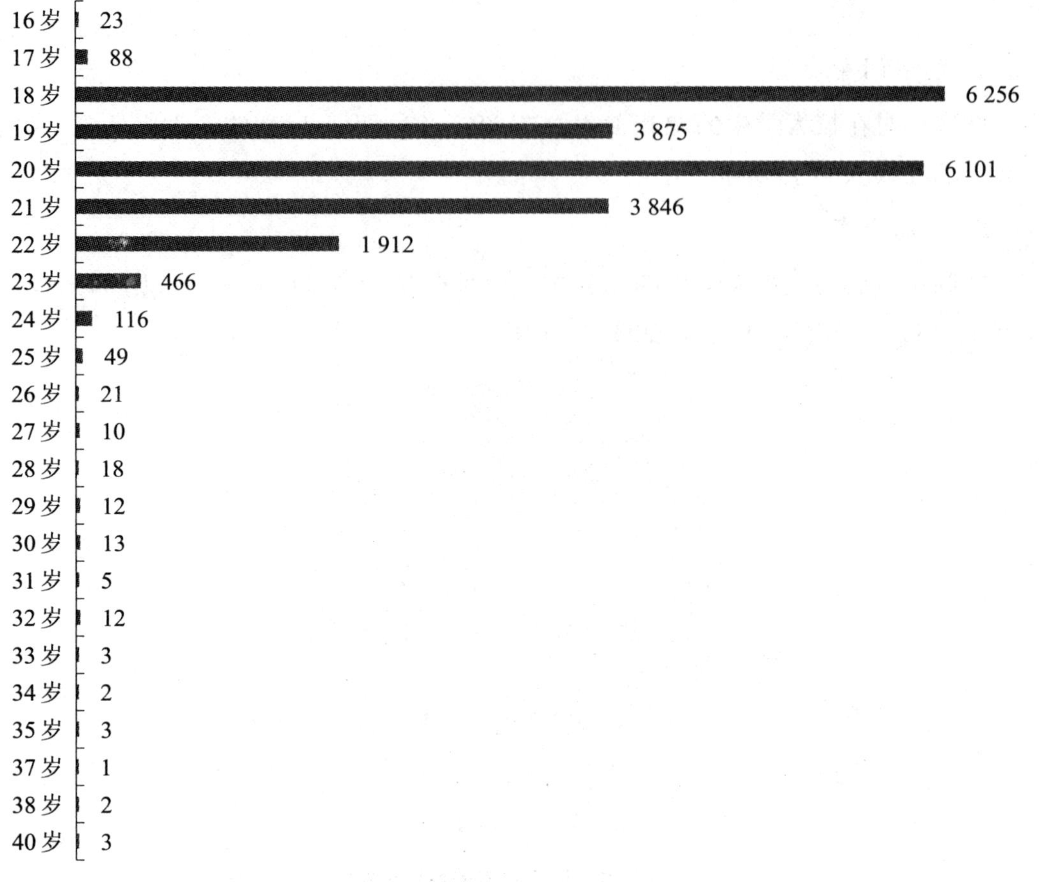

图 2-2 调查样本分年龄统计图

表 2-1 调查样本的学历分布

样本学历		次数	百分比	累积百分比
有效	高职高专	4 632	20.3%	20.3%
	本科	17 828	78.1%	98.4%
	学术硕士	216	0.9%	99.3%
	专业硕士（MBA、EMBA等）	97	0.4%	99.7%
	博士	64	0.3%	100.0%
	总计	22 837	100.0%	

5. 年级分布

在调查样本中，98.4%为本科生，其中二年级占比最高，为总样本的37.2%；一年级与三年级所占比例大致相同，分别为27.6%和25.3%；四年级学生人数约占8.3%。具体分布如图2-3所示。

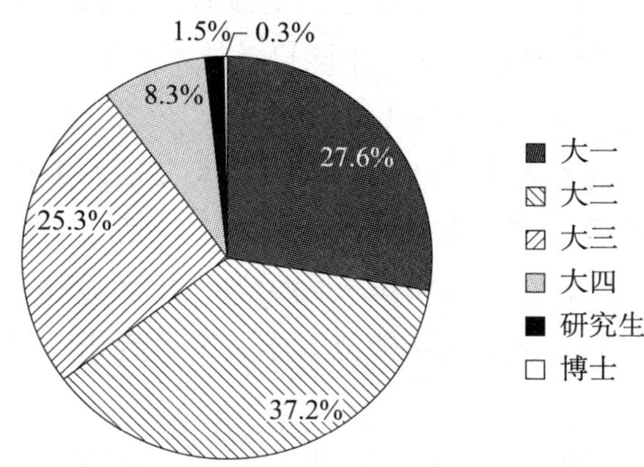

图2-3　调查样本分年级统计图

6. 专业分布

受调查者的专业分布如图2-4所示，工学占比最高，约为22.6%，其后依次是文学19.3%，理学16.6%，医学11.1%，管理10.9%。除法学占比3.5%，农学占比1.6%外，各专业分布较为均衡。

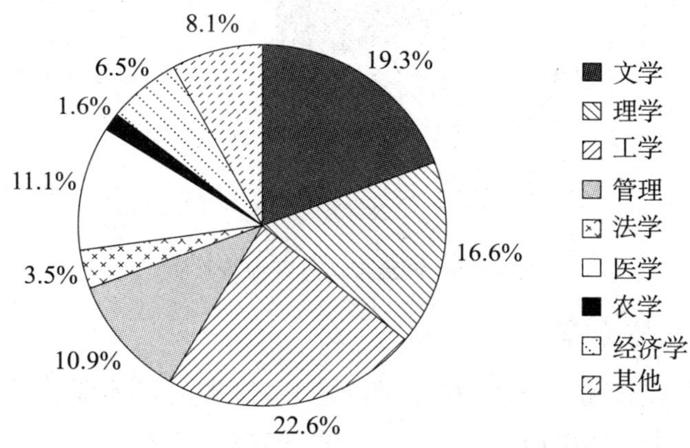

图2-4　调查样本分专业统计图

7. 学校类型分布

在我国，高等院校按学科范围可分为综合类、理工类、师范类、农林类、政法类、医药类、财经类、民族类、语言类、艺术类、体育类、军事类、旅游类院校。

基于以上分类，共划分三个学校类型，具体解释如下：

综合类院校：指囊括多学门、跨学科学术知识领域的大学，一般辖有多所学院，学科齐全，文理兼顾，实力均衡。中国著名的综合类大学有北京大学、浙江大学、复旦大学、上海交通大学、南京大学、武汉大学、中山大学等。

理工类院校：以理工类专业为主要学科的院校，虽包含文科专业，但非优势。代表院校有清华大学、华中科技大学、中国科学技术大学、哈尔滨工业大学、天津大学、同济大学、东北大学、华南理工大学等。

人文社科类院校：包含人文与社科两大类。人文指人类社会的各种文化现象，社科即指社会科学，包括文化、历史、哲学/宗教、古籍、政治/军事、法律、社会科学、心理学等类别。代表院校有中国人民大学、北京师范大学、中央财经大学、中国政法大学、北京体育大学、华东师范大学、中央音乐学院、北京中医药大学、第二军医大学等。

在本次调查的22 837份问卷中，如图2-5所示，有42.9%的调查样本来自人文社科类院校，另分别有28.6%和28.4%的调查样本来自综合类院校和理工类院校。

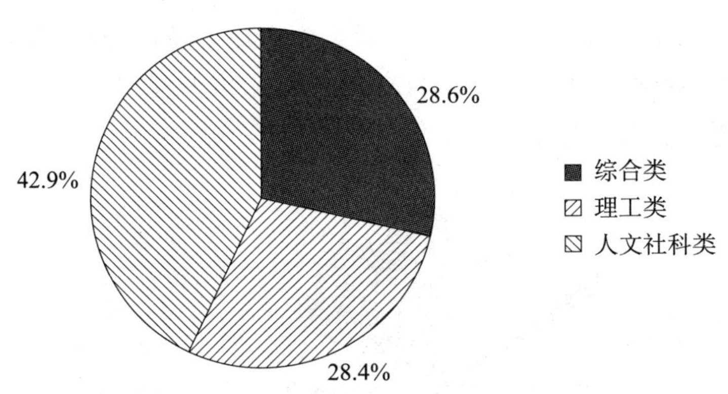

图2-5　调查样本分专业统计图

8. 学校所在城市分布

分析各高校所在省份，如图2-6所示，福建省的样本量最大，共有5 337份（占比23.37%）。其次是广西、吉林、江苏、天津、广东等地。而安徽、贵州、青海、云南受其地区学校数量限制，占比最小，均为0.01%。

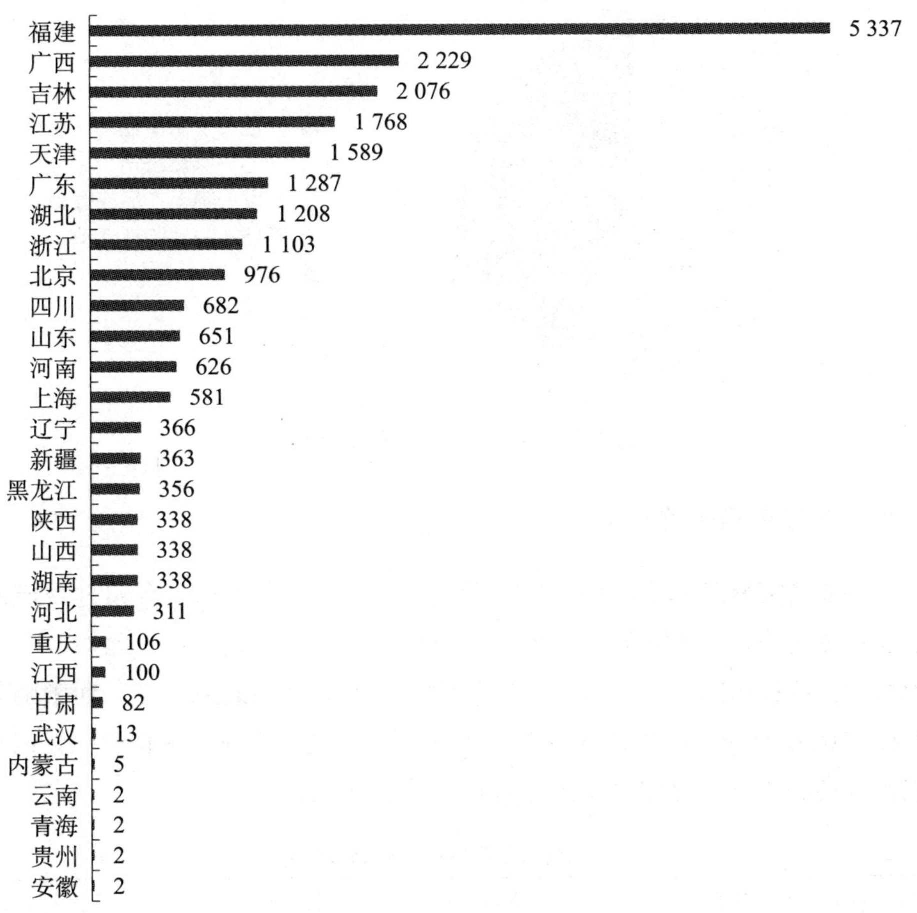

图 2－6　调查样本的学校所在城市分布

二、创业理解

(一) 大学生对创业的理解

在针对在校大学生的 22 837 份问卷中，如图 2－7 所示，有 43.6%的学生认为创业是开创一份新事业，有 31.6%的学生认为创业是开发一项新产品或服务，由此可见，有超过四分之三的学生将创业视为事业实现途径，或是产品服务提供行为。此外，还有 18.0%的学生将创业理解为开办一家新公司，6.1%的学生认为创业就是开展一项冒险性活动，更为关注创业的形式以及冒险特性。

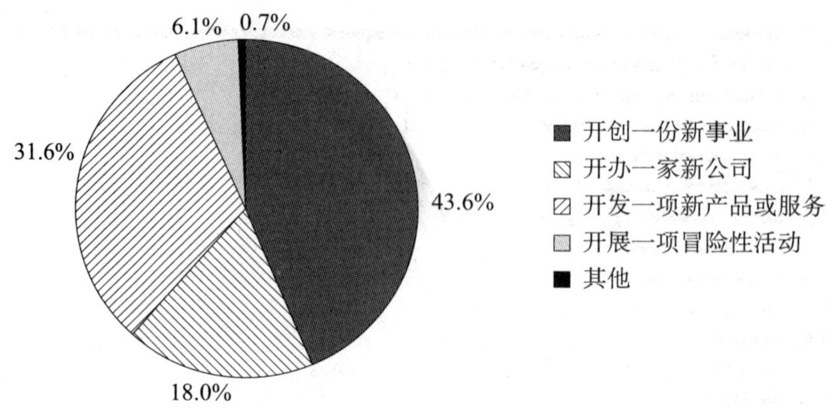

图 2-7　在校大学生对创业的理解

(二) 创业者应具备的个性特征

针对创业者需具备的个性特征这一问题，如表 2-2 所示，有超过六成的在校大学生选择创造力，认为求新求变的能力对创业者而言至关重要；此外，有 42.8% 的在校大学生选择风险承担，他们已然意识到了创业活动的风险性；而紧随其后的自信特征占比为 38.8%，则意味着在校大学生认为创业者应该相信自己，内化表现为对创业方向的坚持，外化表现出令人信服的交际优势。

表 2-2　创业者应具备的个性特征

创业者应具备个性特征	次数	百分比	个案百分比
创造力	14 350	23.3%	63.7%
风险承担	9 641	15.6%	42.8%
自信	8 749	14.2%	38.8%
警觉性	6 506	10.6%	28.9%
百折不挠	5 819	9.4%	25.8%
擅交际	5 495	8.9%	24.4%
有理想抱负	5 281	8.6%	23.4%
自控力	3 521	5.7%	15.6%
追求自由	1 618	2.6%	7.2%
开放	598	1.0%	2.7%
其他	46	0.1%	0.2%
总计	61 624	100.0%	273.6%

(三) 在校大学生的职业成功观

职业成功观即人们心目中的职业成功标准，在此，课题组从外在报酬、内在满足、和谐平衡三个维度展开调研，共设计 10 个题项。结果如表 2-3 所示，从整体角度来看，和谐平衡与内在满足两个维度的平均值分别为 3.65 和 3.53，显著高于外在报酬维度的平均值，这说明在校大学生更多是从内在与平衡的角度去评判职业是否成功。同时，需要注意的是不同个体在三个维度上的得分差异均较高，职业成功观存在明显的个体差异。

表 2-3　职业成功观

职业成功观	平均值	标准偏差
外在报酬	3.08	0.963
内在满足	3.53	0.939
和谐平衡	3.65	1.071

三、创业意愿与动机

（一）创业意愿

1. 在校大学生的创业意愿

关于在校大学生的创业意愿，如图 2-8 所示，有近 85%的在校大学生有创业意愿，这表明在国家对创新创业的呼吁号召和大力扶持下，大学生群体纷纷对创业表现出了一定兴趣。其中，有创业意愿但不强烈的学生超过半数，意味着国家、社会和学校还需进一步鼓励、支持和引导，以逐步培养起大学生创业的浓厚兴趣；而有较强意愿和强烈意愿的在校大学生占比分别为 20.1%和 6.9%，一定要创业的在校大学生仅占到总人数的 3.3%，这三类群体或将成为大学生创业的中流砥柱。

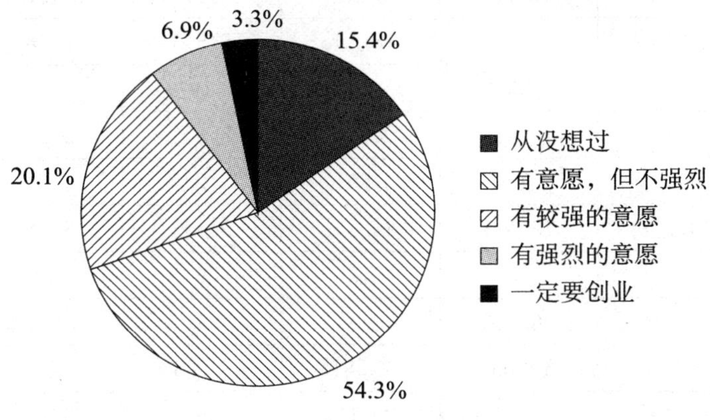

图 2-8　调查样本的创业意愿

2. 不同学历学生的创业意愿分析

分析不同学历对在校大学生创业意愿的影响，如表 2 - 4 所示，高职高专学历学生的整体创业意愿较高，从没想过创业的学生仅占 7.3%，这或与其在校时间短，较早进入社会的自身条件状况密切相关，他们不仅拥有更多的时间和实践经验，还迫切地希望借创业机会来改变命运；此外，同样以实践为导向的专业硕士，也呈现出了相对较高的整体创业意愿。

值得关注的是，博士在创业意愿上主要集中于两端，有 28.1%的学生表示从没想过创业，17.2%的学生表示一定要创业，均高于平均水平，这或是由于职业规划和能力的双重影响。博士期间，多数学生已经对职业生涯形成完整规划，对是否创业能够产生确切回答，那些原本拥有创业意愿的学生，随着对理论和实践的逐步学习，掌握了更多知识资源，会拥有更为明确的创业目标和更高水平的创业信心，因而具有更高的创业意愿，而那些从未想过创业的学生，在学术导向下，随着理论学习成本的逐渐增高，也会与自主创业的道路渐行渐远。

这一原因同样可以用于解释为何本科生更多集中于"有一定意愿"这一模棱两可的选择，一方面，本硕学生对未来的职业生涯仍处摸索时期，抱着初生牛犊不怕虎的心态，很多人将创业视为职业选择之一；另一方面，实践经验的相对不足以及理论知识的尚不完备，阻碍了其创业意愿的进一步强化。

表 2 - 4　　不同学历在校大学生的创业意愿

学历	是否有创业意愿					
	从没想过	有一定意愿	有较强意愿	有强烈意愿	一定要创业	总计
高职高专	338	2 177	1 262	552	303	4 632
	7.3%	47.0%	27.3%	11.9%	6.5%	100.0%
本科	3 117	10 059	3 228	997	427	17 828
	17.5%	56.4%	18.1%	5.6%	2.4%	100.0%
学术硕士	39	99	53	19	6	216
	18.1%	45.8%	24.5%	8.8%	2.8%	100.0%
专业硕士	11	48	26	9	3	97
	11.3%	49.5%	26.8%	9.3%	3.1%	100.0%
博士	18	17	12	6	11	64
	28.1%	26.6%	18.8%	9.4%	17.2%	100.0%
总计	3 523	12 400	4 581	1 583	750	22 837
	15.4%	54.3%	20.1%	6.9%	3.3%	100.0%

3. 不同学校类型大学生的创业意愿分析

分析不同院校对在校大学生创业意愿的影响，如表 2－5 所示，人文社科类院校大学生的整体创业意愿要明显低于理工类院校和综合类院校，在人文社科类院校中，从没想过创业的学生占比为 18.5%，而理工类院校和综合类院校占比分别为 12.4%和 13.9%；此外，人文社科类院校选择有较强意愿、强烈意愿以及一定要创业的学生比例也明显低于另两类院校。一方面，人文社科类院校对学生的培养多以人文化和专业化为导向展开，面对数字化创业环境背景，商业创新点相对缺乏，亦导致了创业意愿的不足；另一方面，相较于综合类院校，其可提供的跨学科交流机会甚少，难以构建激发创意灵感的多元化场景。

表 2－5　　不同院校大学生的创业意愿

院校类别	是否有创业意愿					
	从没想过	有一定意愿	有较强意愿	有强烈意愿	一定要创业	总计
理工类	803	3 456	1 450	507	281	6 497
	12.4%	53.2%	22.3%	7.8%	4.3%	100.0%
人文社科类	1 812	5 586	1 686	511	207	9 802
	18.5%	57.0%	17.20%	5.2%	2.1%	100.0%
综合类	908	3 358	1 445	565	262	6 538
	13.9%	51.4%	22.10%	8.6%	4.0%	100.0%
总计	3 523	12 400	4 581	1 583	750	22 837
	15.4%	54.3%	20.10%	6.9%	3.3%	100.0%

（二）创业动机

1. 在校大学生的创业动机

关于在校大学生的创业动机，如图 2－9 所示，27.30%的在校大学生将实现个人理想视为自己的创业动机，21.20%的在校大学生认为是为了“赚钱”而创业，由此可见，情怀和利益是当今在校大学生创业的主要动机；此外，超过 20%的在校大学生创业是为了“服务社会、创业报国”或“响应国家双创号召”，这表明国家对双创的鼓励、支持、引导已初具成效，在校大学生的创业动机不再局限于个人层次，转而上升到国家高度；而面对不断加速的生活节奏和日益增长的生存压力，也有一部分在校大学生选择自主创业是为了追求更为自由的生活方式，或是缓解就业压力。

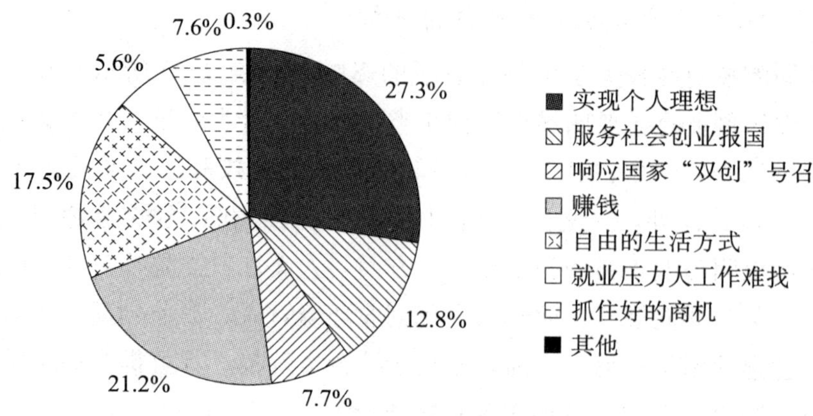

图 2-9 调查样本的创业动机

2. 学历对在校大学生创业动机的影响

不同学历的大学生由于其在知识资源和社会经验等方面的差异，在创业动机上表现出了细微区别，如表 2-6 所示。除了大家普遍接受的“实现个人理想”的动机阐述，更多的学术硕士和博士选择了“服务社会创业报国”这一动机，其原因或是这两类大学生在长期的理论学习中培养出了相对宏观的思考视角，能够从社会和国家的角度看待创业活动；而高职高专以及本科大学生在“就业压力大工作难找”这一动机选择上，要略多于硕博学生，这或许是因为学历劣势阻碍了他们在就业市场上的发挥，进而激发了其创业意愿。

表 2-6 不同学历在校大学生的创业动机

学历	最主要动机								
	实现个人理想	服务社会创业报国	响应国家“双创”号召	赚钱	自由的生活方式	就业压力大工作难找	抓住好的商机	其他	总计
高职高专	1 147	619	572	792	798	253	436	15	4 632
	24.8%	13.4%	12.3%	17.1%	17.2%	5.5%	9.4%	0.3%	100.0%
本科	4 998	2 234	1 155	3 983	3 130	1 006	1 265	57	17 828
	28.0%	12.5%	6.5%	22.3%	17.6%	5.6%	7.1%	0.3%	100.0%
学术硕士	53	37	24	36	38	7	21	0	216
	24.5%	17.1%	11.1%	16.7%	17.6%	3.2%	9.7%	0.0%	100.0%
专业硕士	26	9	5	13	24	4	16	0	97
	26.8%	9.3%	5.2%	13.4%	24.7%	4.1%	16.5%	0.0%	100.0%
博士	19	13	6	12	8	3	3	0	64
	29.7%	20.3%	9.4%	18.8%	12.5%	4.7%	4.7%	0.0%	100.0%
总计	6 243	2 912	1 762	4 836	3 998	1 273	1 741	72	22 837
	27.3%	12.8%	7.7%	21.2%	17.5%	5.6%	7.6%	0.3%	100.0%

此外，本报告还对在校大学生问卷进行了其他多角度交叉分析，结果显示，创业动机与大学院校类别、大学所在城市、大学生创业意愿无显著关系。

四、大学创业教育

学校是在校大学生学习与生活的重要场所，也是其接受创业教育的最主要来源地，学校完善的创业支持体系能够对大学生创业起到至关重要的作用。因此需要在了解现有体系情况的基础上，掌握在校大学生对创业教育的切实需求，并进一步运用到学校的创业支持建设中去。

（一）学校的创业氛围

1. 所在院校的创业氛围

在“评价所在院校创业氛围”的调查中，如表 2－7 所示，有 48.2%的在校大学生认为所在院校“开始重视创业，成立了相关机构，相关课程、活动越来越多，创业氛围正在形成”，与去年的调查结果基本一致，可见现阶段多数院校仍处于创业氛围培养期，仅有少数院校实现了浓厚创业氛围营造。此外，值得关注的是有 34.7%的在校大学生认为所在院校“相关课程、活动较少，创业宣传和支持力度有限，对创业仍然缺少认知”，部分高校尚未意识到创业培养的重要性，创业氛围营造不足。

表 2－7　所在院校创业氛围

创业氛围		次数	百分比	累积百分比
有效	对创业缺少认知	7 915	34.7%	34.7%
	创业氛围正在形成	11 012	48.2%	48.2%
	创业氛围浓厚	3 910	17.1%	17.1%
	总计	22 837	100.0%	100.0%

2. 不同院校类型的创业文化

如表 2－8 所示，理工类、人文社科类和综合类院校的大学生在学校创业氛围的感知上并无明显差距，可见各类高校都纷纷认识到了创业氛围营造的重要性。

表 2－8　不同院校的创业氛围

院校类别	创业氛围			
	对创业缺少认知	创业氛围正在形成	创业氛围浓厚	总计
理工类	2 140	3 097	1 260	6 497
	32.9%	47.7%	19.4%	100.0%

续前表

院校类别	创业氛围			
	对创业缺少认知	创业氛围正在形成	创业氛围浓厚	总计
人文社科类	3 415	4 865	1 522	9 802
	34.8%	49.6%	15.5%	100.0%
综合类	2 360	3 050	1 128	6 538
	36.1%	46.7%	17.3%	100.0%
总计	7 915	11 012	3 910	22 837
	34.7%	48.2%	17.1%	100.0%

（二）学校的创业机构

1. 所在院校创业机构

各院校的创业机构分布较为均衡，如表 2－9 所示。其中近半数的受调查学生所在院校已开设大学生创业指导中心，学生创业社团、创新创业教育平台以及大学生科技园分别占比 38.4%、36.4%和 35.7%，这表明众多院校从学校和学生层次出发，开设了形式颇为多样的创业机构。此外，创业投资基金（13.5%）和创业研究中心（9.2%）的较低占比则意味着学校还需在创业支持的广度和深度上进一步发展，一方面，积极推进学校支持向资金等多领域展开；另一方面，开设创业研究中心，为深化创业教育奠定理论基石。

表 2－9　所在院校的创业机构

创业机构	次数	百分比	个案百分比
大学生创业指导中心	11 192	16.9%	49.0%
学生创业社团	8 765	13.2%	38.4%
创新创业教育平台	8 310	12.5%	36.4%
大学科技园（或孵化器、众创空间）	8 156	12.3%	35.7%
创业类专业	5 786	8.7%	25.3%
创业训练营	5 753	8.7%	25.2%
创业学院	4 888	7.4%	21.4%
创业实践基地	4 514	6.8%	19.8%
创业类专业硕士项目	3 661	5.5%	16.0%
创业投资基金	3 082	4.6%	13.5%
创业研究中心（研究院）	2 098	3.2%	9.2%
其他	174	0.3%	0.8%
总计	66 379	100.0%	290.7%

2. 不同类型院校的创业机构

从所在院校的差异角度看，如表 2－10 所示，理工类院校的创业类专业、创业学院、创业投资基金和创业实践基地的比例都要略高于人文社科类和综合类院校，这主要是由学科特点决定的，理工类院校的创业项目多依托技术手段展开，对专业和资金的要求较高，带有明显的实践特色。

表 2－10　不同院校创业机构的数量及比例

院校类型		创业类专业	创业学院	创业类专业硕士项目	创业训练营	创新创业教育平台	大学科技园（或孵化器、众创空间）	大学生创业指导中心	创业投资基金	创业研究中心（研究院）	学生创业社团	创业实践基地	其他
理工类		916	911	645	832	937	936	1 388	544	362	1 201	661	33
		32.9%	32.7%	23.2%	29.9%	33.7%	33.6%	49.9%	19.5%	13.0%	43.1%	23.7%	1.2%
人文社科类		486	583	442	707	748	723	1 118	315	237	863	263	17
		21.5%	25.8%	19.6%	31.3%	33.1%	32.0%	49.5%	13.9%	10.5%	38.2%	11.6%	0.8%
综合类		4 384	3 394	2 574	4 214	6 625	6 497	8 686	2 223	1 499	6 701	3 590	124
		24.6%	19.1%	14.5%	23.7%	37.2%	36.5%	48.8%	12.5%	8.4%	37.7%	20.2%	0.7%

（三）学校的创业教育

1. 创业教育课程开展情况

如图 2－10 所示，关于学校创业教育课程，有 11.2%的学生认为其所在院校尚未开展创业教育课程，54.6%的学生认为虽有开展，但数量很少，可见现阶段高校创业教育的开展还属于初级阶段，近三分之二的学校还未意识到创业教育的重要性。

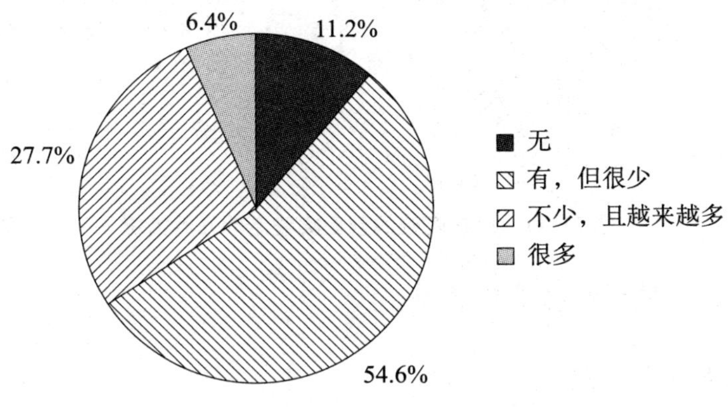

图 2－10　所在院校的创业教育课程开展情况

比较不同院校的创业教育课程，如表 2－11 所示，人文社科类院校中，认为没有或很少开展创业教育课程的比例相对较高，这意味着人文社科类院校还需进一步树立创业培养意识，开展更多的创业教育课程。

表 2－11　　不同类型院校的创业教育课程开展情况

院校类别	创业教育课程开展情况				
	无	有但很少	不少且越来越多	很多	总计
理工类	623	3 495	1 906	473	6 497
	9.6%	53.8%	29.3%	7.3%	100.0%
人文社科类	1 156	5 552	2 603	491	9 802
	11.8%	56.6%	26.6%	5.0%	100.0%
综合类	780	3 427	1 823	508	6 538
	11.9%	52.4%	27.9%	7.8%	100.0%
总计	2 559	12 474	6 332	1 472	22 837
	11.2%	54.6%	27.7%	6.4%	100.0%

2. 创业实践活动开展情况

如图 2－11 所示，关于学校创业实践活动，10.2%的在校大学生所在学校没有开展创业实践类培训活动，51.6%的在校大学生所在学校很少开展创业实践类培训活动，表现略好于创业教育课程的开展情况，这意味着现阶段高校创业实践活动的发展同样属于初级阶段，但其整体表现要略优于理论教育。比较不同类型院校的创业实践活动开展情况，并未有明显差异。

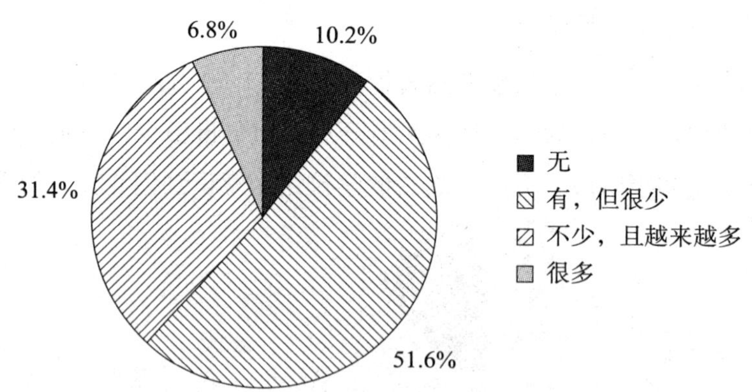

图 2－11　所在院校的创业实践活动开展情况

（四）在校大学生对创业教育的需求

1. 创业教育接受意愿

关于大学生创业教育接受意愿的调查，如图 2－12 所示，有 23.6%的大学生非常愿意接受创业教育相关课程或培训，33.6%的大学生比较愿意接受大学生创业教育相关课程或培训，选择一般意愿程度的大学生占32.4%，可见大多数大学生是愿意接受或是不排斥大学生创业教育的。

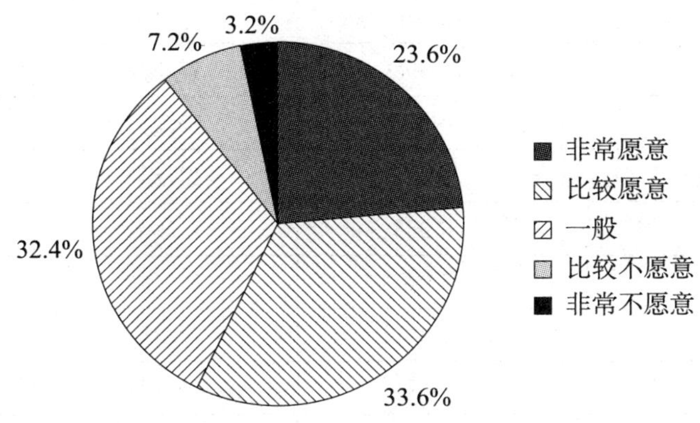

图 2-12　调查样本的创业教育接受意愿

2. 创业课程或培训的开展方向

关于开课形式，如图 2-13 所示，有 33.3%的在校大学生表示更倾向于创业实践课，这意味着富有趣味性和挑战性的实践教育更受学生青睐，是学校创业教育发展的主要方向。此外，有 29.9%的学生选择全校公开课作为更易接受的开课形式，学生不仅可以提高自身的综合素养，还可以拓宽交际范围，符合创业的跨学科特点。

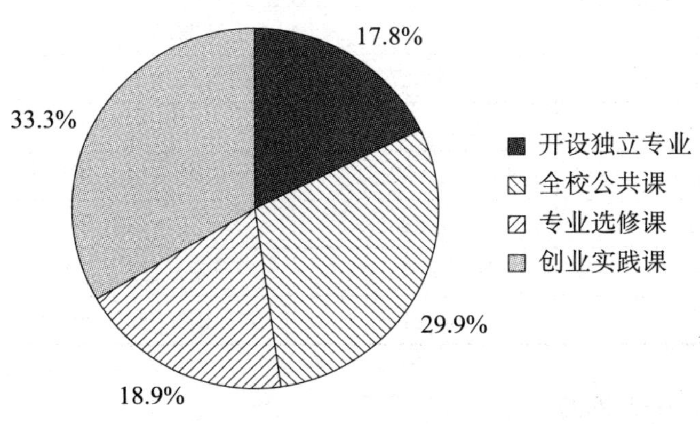

图 2-13　调查样本的开课形式倾向

关于内容类别，如表 2-12 所示，分别有 53.8%、45.5%和 43.9%的在校大学生愿意修读与管理、营销和运营相关的创业教育课程或培训，可见大学生对管理、营销、运营相关的课程或培训最感兴趣。而对财务、法律、产品开发以及案例分析的选择相对较少，这主要是受人们对创业的普遍理解所限，对细分领域的专业知识重视程度尚少。

表 2-12 创业课程或培训的内容方向

开展方向	次数	百分比	个案百分比
管理	12 276	21.1%	53.8%
营销	10 398	17.8%	45.5%
运营	10 019	17.2%	43.9%
产品开发	7 683	13.2%	33.6%
法律	6 953	11.9%	30.4%
财务	6 047	10.4%	26.5%
案例分析	4 807	8.3%	21.0%
其他	71	0.1%	0.3%
总计	58 254	100.0%	255.1%

关于教学形式，如表 2-13 所示，分别有 61.9%、61.4%的学生希望所在院校开设实践分享和模拟创业形式的创业教育相关课程，而选择理论讲授教育形式的学生仅占 43.3%，这再次说明大学生对创业实践教学青睐有加，传统的理论教学已经不能满足大学生的创业教育需求。

表 2-13 创业课程或培训的教学形式

教学形式	次数	百分比	个案百分比
实践分享	14 128	22.0%	61.9%
模拟创业	14 027	21.8%	61.4%
案例分析	13 231	20.6%	57.9%
创业能力培养	12 937	20.1%	56.6%
理论讲授	9 888	15.4%	43.3%
其他	36	0.1%	0.2%
总计	64 247	100.0%	281.3%

3. 希望学校给予帮助

关于“假如你准备创业，希望学校提供什么帮助”的问卷调查中，如表 2-14 所示，56.2%的在校大学生选择创业导师指导，希望获得专业的技术和经验指导；53.5%的在校大学生希望学校提供资金资助，由此可见，资金是多数学生创业者面临的巨大难题；此外，选择学分减免的学生仅占 7.4%，这表明，比起制度帮助，在校大学生更期待获得与创业活动密切相关的物质帮助和经验帮助。

表 2－14　希望学校给予帮助情况

类别	次数	百分比	个案百分比
创业导师指导	12 830	21.7%	56.2%
资金资助	12 222	20.7%	53.5%
创业实践训练	9 889	16.7%	43.3%
创业场地提供	7 402	12.5%	32.4%
创业孵化平台支持	7 359	12.5%	32.2%
创业政策咨询	4 394	7.4%	19.2%
创业课程	3 289	5.6%	14.4%
学分减免	1 681	2.8%	7.4%
其他	13	0.0%	0.1%
总计	59 079	100.0%	258.7%

分析不同类型院校在校大学生对学校帮助的需求，如表 2－15 所示，不同于人文社科类和综合类院校对创业导师的需求占据首位，理工类院校的学生更多地选择了资金资助；与此同时，理工类院校学生对创业孵化平台支持的需求也相对更高。这再次从侧面印证了理工类院校创业活动的实践性与专业性。

表 2－15　不同院校学生对学校帮助的需求

院校类型	资金	导师	场地	课程	实践	孵化平台	政策咨询	学分减免	其他	总计
理工类	1 743	1 497	804	443	1 096	1 081	521	313	2	2 784
	62.6%	53.8%	28.9%	15.9%	39.4%	38.8%	18.7%	11.2%	0.1%	
人文社科类	1 012	1 136	810	438	1 012	681	639	164	2	2 259
	44.8%	50.3%	35.9%	19.4%	44.8%	30.1%	28.3%	7.3%	0.1%	
综合类	9 467	10 197	5 788	2 408	7 781	5 597	3 234	1 204	9	17 794
	53.2%	57.3%	32.5%	13.5%	43.7%	31.5%	18.2%	6.8%	0.1%	
总计	12 222	12 830	7 402	3 289	9 889	7 359	4 394	1 681	13	22 837
	1 743	1 497	804	443	1 096	1 081	521	313	2	2 784

总结

（一）创业理解

从对创业的认识来看，有超过四分之三的学生将创业视为事业实现途径，或是产品服务提供行为，仅有极少数同学强调创业的冒险特性，大学生对创业的理解更具有实践性和功能性。

关于创业者须具备的个性特征，超过六成的在校大学生认为创造力至关重要，紧随其后的是风险承担和自信特征。

关于在校大学生的职业成功观，就整体而言，和谐平衡要高于内在满足，而内在满足又高于外在报酬，在校大学生的职业成功感更多源于精神和生理层次，而非经济层次。

（二）创业意愿

在国家、社会和高校的共同努力下，近85%的在校大学生对创业表现出了一定兴趣，但创业意愿不强烈的学生仍超半数，还需进一步鼓励、支持和引导。

不同学历的在校大学生有不同的创业意愿表现，实践导向的高职高专与专业硕士学生，整体创业意愿相对较高，而博士在创业意愿上则主要集中于两端，这或许是受到了职业规划明确和能力支持充足的双重影响。就不同院校类型而言，人文社科类院校大学生的整体创业意愿要明显低于理工类院校和综合类院校。

（三）创业动机

从创业动机来看，情怀和利益是当今在校大学生创业的主要推动因素，此外，超过20%的在校大学生创业是为了“服务社会、创业报国”或“响应国家双创号召”，这表明国家对双创的鼓励、支持、引导已初具成效。

在不同学历下，除了实现个人理想这一情怀动机外，更多的学术硕士和博士能够从社会和国家的角度看待创业活动，选择“服务社会创业报国”为创业动机，而高职高专以及本科大学生在“就业压力大工作难找”这一动机选择上，要略多于硕博学生。

（四）学校的创业教育

在创业氛围方面，近半数的在校大学生认为所在院校的创业氛围正在形成，仍处于创业氛围培养期，仅有少数院校实现了浓厚创业氛围营造，且不同类型院校的大学生在学校创业氛围的感知上差距不再显著。

在创业机构方面，各院校的创业机构的开展实现了多层次、多样化效果，但创业投资资金等机构的相对不足则意味着学校还需进一步提高支持的深度和广度；比较不同类型院校的创业机构，可以发现理工类院校的创业活动对专业和资金的要求较高，带有明显的实践特色，创业类专业、创业学院、创业投资基金和创业实践基地的比例略高。

在创业教育方面，创业教育课程和创业实践活动的开展均处于初级阶段，但实践活动要略优于理论教育。且人文社科类院校在创业教育课程开展上存在不足，还需进一步加强。

（五）在校大学生对创业教育的需求

从大学生创业教育需求来看，分别有23.6%、33.6%和32.4%的大学生表示非常愿意、比较愿意或一般愿意接受创业教育相关课程或培训，可见多数学生对创业教育报以愿意接受或不排斥态度。

在所期望的创业教育形式选择上，存在明显的实践性和功利性。在开课形式上，三分之一的在校大学生更加青睐创业实践课，全校公开课紧随其后；在内容类别上，大学生对管理（53.8%）、营销（45.5%）、运营（43.9%）相关的课程或培训最感兴趣，而对财务（26.5%）、法律（30.4%）、产品开发（33.6%）以及案例分析（21.0%）等细分领域的专业知识重视程度尚低；在教学形式上，大学生对创业实践教学青睐有加，传统的理论教学已经不能满足大学生的创业教育需求。

在希望学校给予帮助方面，在校大学生对与创业密切相关的物质和经验帮助需求要优先于制度帮助需求，创业导师指导（56.2%）和资金资助（53.3%）位列一、二位，选择学分减免的学生仅占7.4%。且不同于人文社科类和综合类院校对创业导师的需求占据首位，理工类院校的学生更多地选择了资金资助。

第三章　大学生创业群体创业状况调查报告

一、大学生创业问卷调查概况

（一）调查说明

为探索当代创业大学生群体的创业现状，了解其在创业过程中面临的问题与挑战，挖掘其对创业生态体系中各机构的创业帮助需求，更好地开展创新创业扶持工作，鼓励和帮助大学生创新创业，课题组在全国普通高等学校中开展了创业大学生群体的问卷调查。

调查对象为全国普通高等学校的在校大学生。问卷由两部分组成，第一部分为基本信息，第二部分为创业问题。调查采取无记名网络问卷调查的形式，填答者可在个人电脑（PC）端、移动端等多种平台填答问卷。每个 IP 地址或者移动端号限填一份问卷。调研分两阶段进行，第一阶段 2018 年 7 月—9 月暑假期间，委托万学教育进行调研，由万学教育与其合作院校老师联系发放问卷；第二阶段 2018 年 9 月—10 月，委托商学院学生对随机抽样的院校进行重点调研。

本次问卷调查数据中存在部分数据表格中各选项实际总计数和应有总计数不符合的问题，以及部分调查结果与主报告内容不符的情况，系由于原始答卷中存在少数超出问题回答选项的回答内容以及空白回答，此种情况占比极小，一般不超过 1%～2%。为保证分析的一致性，除原始选项中有“其他”项目的以外，其他存在不相符情况的题目均予以删除，特此说明。

（二）总体问卷类型

此次针对在校大学生的调查覆盖全国 58 所高校，共有 686 名大学生创业者参与。

二、创业者画像

（一）基本特征

1. 性别特征

如图 3－1 所示，男性大学生创业者占比为 50.5％，女性大学生创业者占比为 49.3％。由此可见大学生创业的性别分布相对均衡，相较于过去，越来越多的女大学生开始投身创业大军。

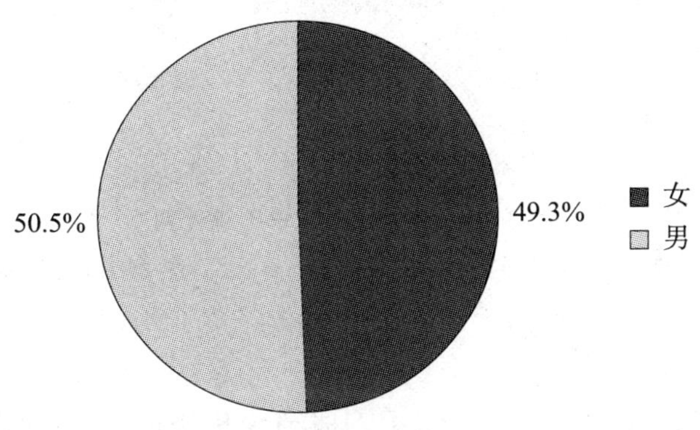

图 3－1　调查样本分性别统计图

2. 年龄特征

如图 3－2 所示，60.6％的大学生创业者的年龄分布在 16～20 岁，介于 21～25 岁的大学生创业者占比为 34.1％。由此可见，大学生创业者的年龄主要集中在 16～25 岁，符合大学生的年龄分布，也符合其多为在校期间创业的这一现实情况。

3. 学历特征

如图 3－3 所示，近七成的受调查者拥有本科学历，这意味着本科生是大学生创业者的主要组成，他们通常有更多的时间投身于创业实践；也由于初生牛犊不怕虎，有更多的勇气敢于尝试。此外，高职高专学历的大学生创业者占比达到 27.0％，是大学生创业者的重要组成部分，实践教育导向，以及借创业改写人生的迫切需求是其进行创业活动的主要推动力。

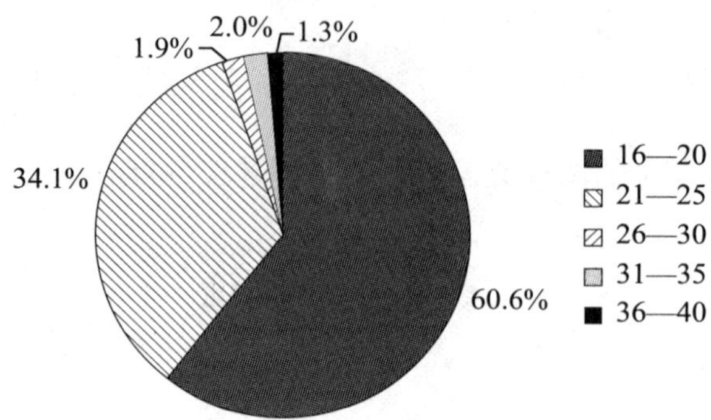

图 3-2 调查样本分年龄统计图

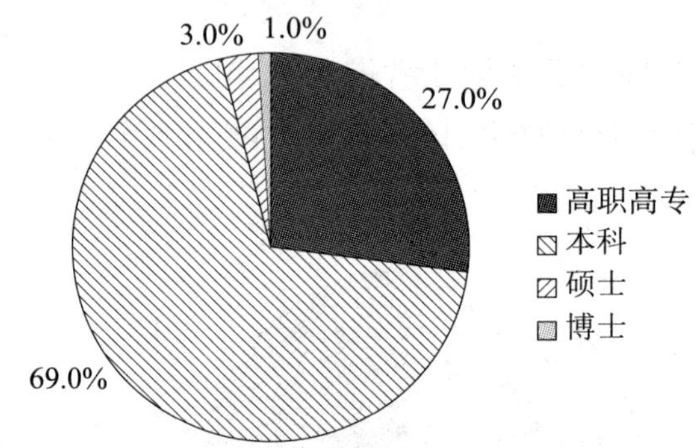

图 3-3 调查样本分学历统计图

注：此处将选项为“211”和“普通本科”的大学生创业者归至本科；将“专业硕士”和“学术硕士”归至硕士。

4. 成绩特征

如图 3-4 所示，在大学生创业者中，成绩为班级前 20%的占比为 64.6%，随着成绩由高至低，人数逐渐下降。这意味着创业并非与学业不可兼得，随着创新创业宣传的如火如荼，以及学校对创业活动的鼓励与支持，大批有能力、有抱负的优秀学生成为创业的中流砥柱。

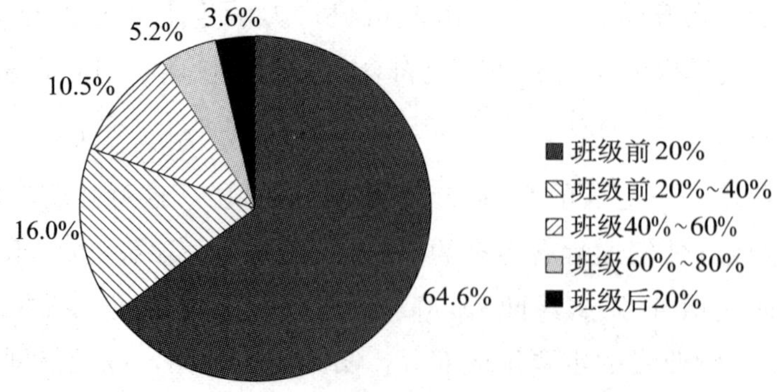

图 3-4 调查样本分成绩统计图

（二）创业经历

1. 开始创业时间

如图 3－5 所示，大学期间创业的大学生创业者占总人数的 63.6％，而其他创业时间的创业者占比均不足 8％，这意味着多数创业者开始创业于在校期间，这与校内创业资源丰富，在校生获得的创业支持力度大等因素密不可分。其次，相较于硕博在读期间，创业者更倾向于毕业后进行创业，这或许是因为学业压力减轻甚至消失后，大学生创业者能够全身心地投入到创业实践中，且一定的社会实践经历也能帮助其进行创业选择，明确创业方向。

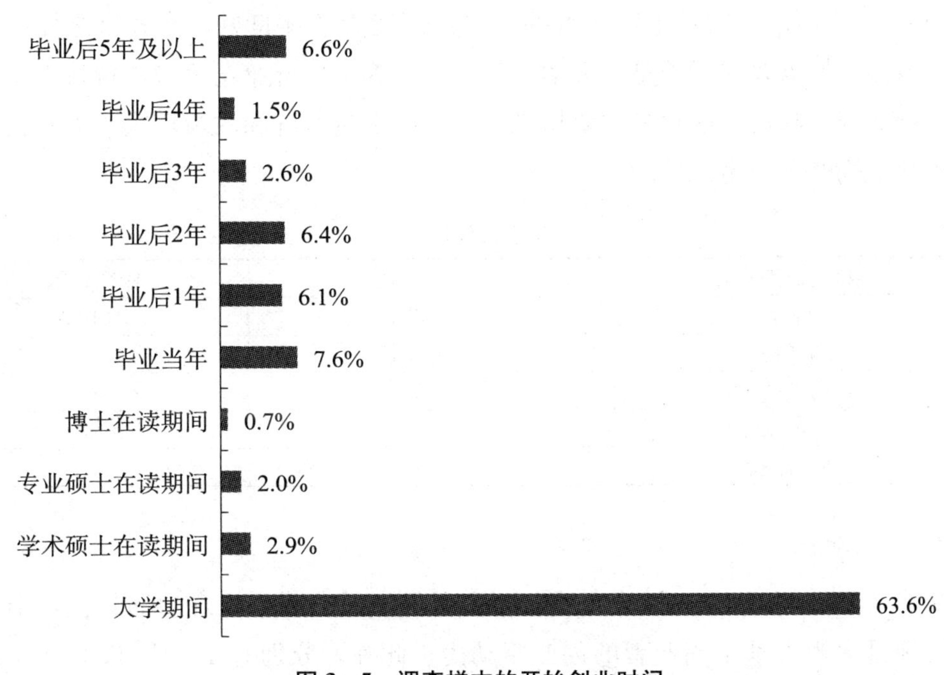

图 3－5　调查样本的开始创业时间

2. 跨行业工作经历

如图 3－6 所示，有 52.1％的大学生有跨行业工作经历，值得注意的是，在拥有跨行业经历的大学生创业者群体中，跨超过 3 个行业的占比为 6.7％，这意味着当前很多大学生的创业是在不断尝试基础上做出的最优选择，这不仅表现了大学生创业者热爱挑战、知识广泛的特点，也反映出了其创业选择的相对理性。

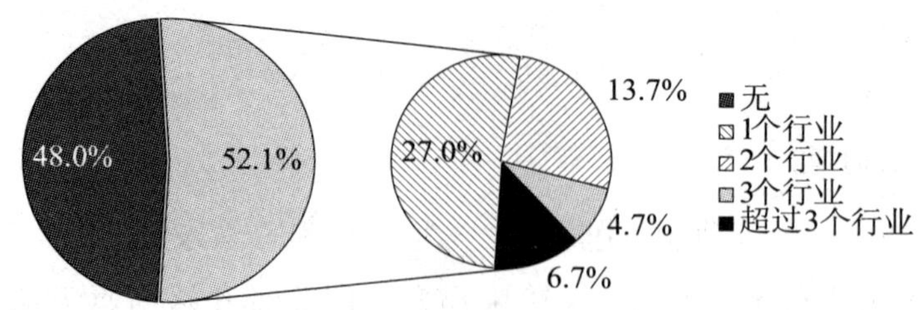

图 3－6　调查样本的跨行业工作经历

（三）创业特质

1. 机会识别能力

如表 3－1 所示，大学生创业者的机会识别能力总体良好，在各个维度的得分也较为均衡。但需要注意的是，大学生创业者更善于从行业竞争和消费特点中挖掘商机，行业视角和需求视角是主要切入点。但在宏观经济和政策层次，以及技术层次的机会识别略有不足。

表 3－1　机会识别能力

机会识别能力	平均值	标准偏差
行业竞争	3.49	1.183
消费特点	3.47	1.300
前沿技术	3.46	1.204
政策变化	3.45	1.224
宏观经济	3.43	1.195

2. 创业动机

如图 3－7 所示，30.9％的大学生创业者是为了实现个人理想而创业，个人价值的实现是多数大学生创业者的创业驱动力；此外，分别有 17.6％和 15.6％的大学生创业者选择赚钱和自由的生活方式，认为创业是改善生活的重要途径。

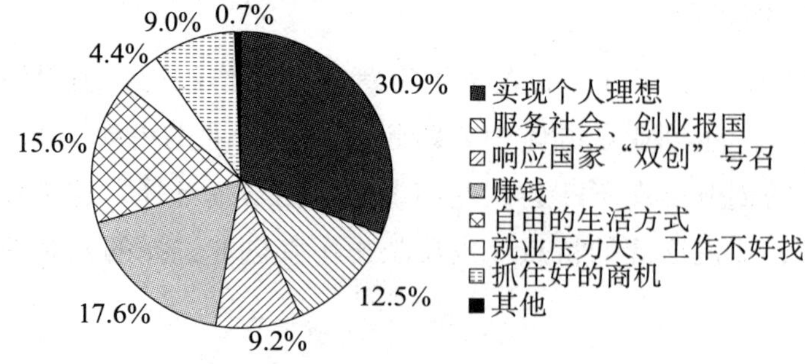

图 3－7　调查样本的创业动机

分析不同性别的大学生创业者在创业动机上的差异，如表 3－2 所示，有 36.9％的男性创业者选择将实现个人理想作为创业动机，女性位列首位的创业动机虽也是实现个人理想，但其比例为 24.8％，明显低于男性，且其赚钱动机的比例为 21.5％，又明显高于男性占比。可见，男性大学生创业者的动机情怀性更加显著，而相较于男性，女性创业者的创业动机则具有更强的务实性。

表 3－2　　不同性别创业者的创业动机

性别	创业动机							
	实现个人理想	服务社会、创业报国	响应国家“双创”号召	赚钱	自由的生活方式	就业压力大、工作不好找	抓住好的商机	其他
男	128	43	29	48	50	13	33	3
	36.9％	12.4％	8.4％	13.8％	14.4％	3.7％	9.5％	0.9％
女	84	43	34	73	57	17	29	2
	24.8％	12.7％	10.0％	21.5％	16.8％	5.0％	8.6％	0.6％
总计	212	86	63	121	107	30	62	5
	30.9％	12.5％	9.2％	17.6％	15.6％	4.4％	9.0％	0.7％

3. 须具备的个性特征

如表 3－3 所示，近半数的大学生创业者认为不屈不挠的品格是创业者应具备的个性特征，这意味着大学生创业者已经普遍意识到创业是一项充满挑战的活动；其次，34.1％的大学生认为创业激情也十分重要；此外，分别有 30.8％和 30.6％的大学生创业者选择了格局与胸怀和学习能力，认为创业不能局限于眼前，以及要具备学习能力以应对挑战。

表 3－3　　创业者应具备的个性特征

创业者应具备个性特征	次数	百分比	个案百分比
不屈不挠的品格	335	19.3％	48.8％
创业激情	234	13.5％	34.1％
格局与胸怀	211	12.1％	30.8％
学习能力	210	12.1％	30.6％
商业警觉性	203	11.7％	29.6％
执行力	162	9.3％	23.6％
工匠精神	129	7.4％	18.8％

续前表

创业者应具备个性特征	次数	百分比	个案百分比
冒险精神	108	6.2%	15.7%
自信	89	5.1%	13.0%
自控力	58	3.3%	8.5%
总计	1 739	100.00%	253.50%

4. 职业成功观

职业成功观即人们心目中的职业成功标准，在此从外在报酬、内在满足、和谐平衡三个维度展开调研，共设计 10 个题项。结果如表 3-4 所示，大学生创业者在和谐平衡和内在满足两个维度的均值较高，分别为 3.55 分和 3.49 分，与对在校大学生的调查结果（详见第二章表 2-3）一致，这说明大学生创业者也更多从内在与平衡的角度去评判职业是否成功，外在报酬不是大学生创业者判断职业成功的主要标准。

表 3-4　　职业成功观

职业成功观	平均值	标准偏差
外在报酬	3.24	1.089
内在满足	3.49	1.076
和谐平衡	3.55	1.129

三、创业企业画像

（一）行业领域

大学生创业者所在的创业行业具有明显的多样化特点，呈现出一派百花齐放的景象，如图 3-8 所示。其中企业服务行业的占比最高，为 19.4%，其下分布相对较高的依次是生活消费、电商、教育和文娱传媒，由此可见，大学生创业活动主要集中在服务领域。此外，还有部分大学生创业项目处于物联网、人工智能、AR/VR 等智能技术行业领域，这表明大学生正紧紧跟随创业潮流，开始涉足科技领域。

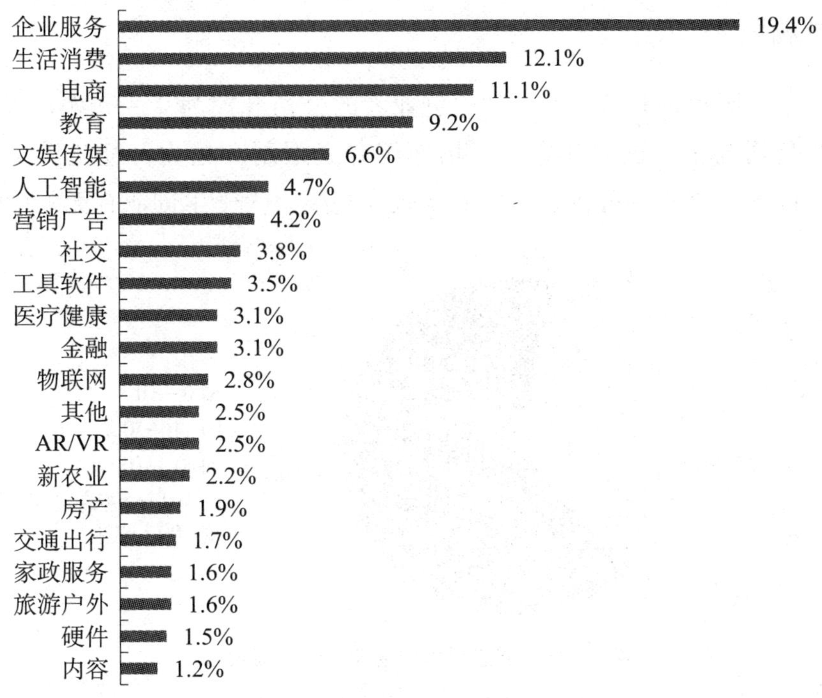

图 3－8　调查样本的创业企业所在行业领域

（二）融资状况

由于现阶段创业融资的普遍发展，以及大学生创业者自身资金有限的现实，融资情况成为判断初创公司发展的重要指标。如图 3－9 所示，46.6%的创业者所在企业或项目已完成种子轮融资，完成天使轮融资的创业者占比为 20.3%，可见多数创业企业或项目还停留在初期发展阶段。

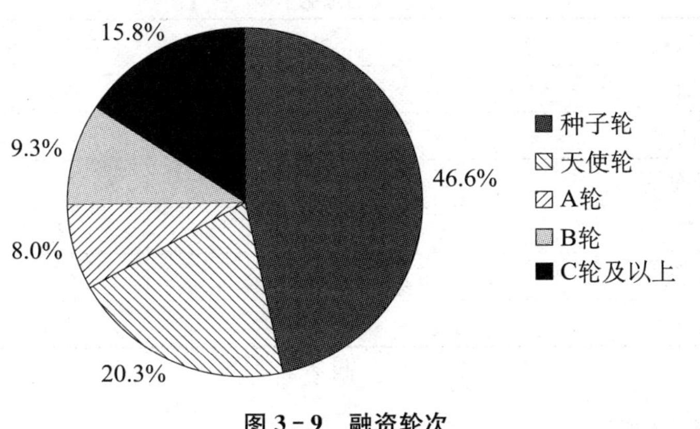

图 3－9　融资轮次

(三) 人员规模

如图 3－10 所示，61.9％的大学生创业者的公司规模为 0～10 人，可见大学生创业多以小公司为主，这与其资金、场地等客观限制和精力、经验等主观限制有关。当然，也不乏佼佼者可将公司发展至较大规模，大学生创业有无限可能性。

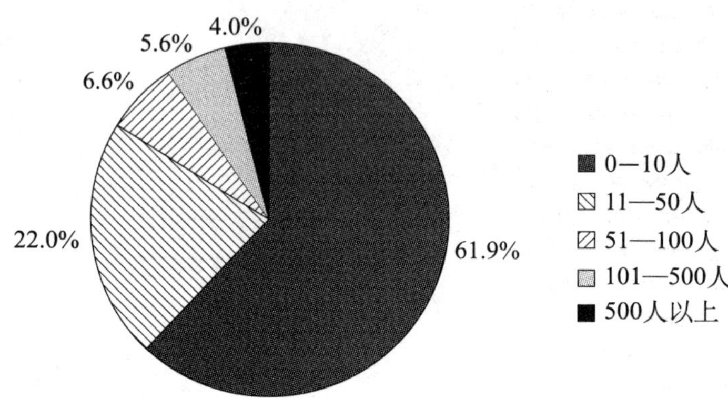

图 3－10 调查样本的创业企业公司规模

(四) 经营状况

如表 3－5 所示，在绩效评定中，大学生创业者认为在市场估值和利润维度的绩效表现更好，平均值分别为 3.12 分和 3.15 分，而员工数的绩效表现相对欠佳，平均值仅为 3.02 分。这与先前大学生创业企业多以小企业为主的结论一致，同时也体现出大学生创业者企业或项目的高价值，能获得超过员工表现的估值和利润回报。

表 3－5 公司绩效

公司绩效	平均值	标准偏差
利润	3.15	1.184
市场估值	3.12	1.221
销售额	3.07	1.24
资产	3.07	1.194
员工数	3.02	1.226
总绩效	3.09	1.117

(五) 数字技术依赖性

如图 3－11 所示，63.1％的大学生创业者认为其公司业务高度依赖互联网或移

动互联网技术，这符合数字化时代的潮流与特征，体现出了大学生创业者群体的与时俱进。

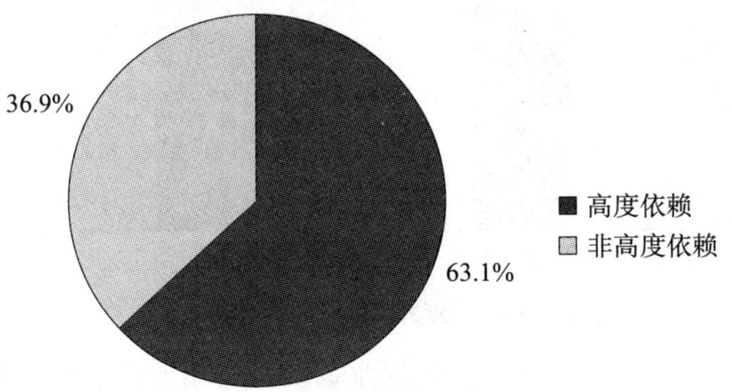

图 3－11　调查样本的创业企业数字技术依赖性

如图 3－12 所示，64％的大学生创业者认为其公司业务是由数字技术驱动的，其中有 48.3％属于数字化业务，15.7％属于传统业务数字化，这进一步体现了数字化的创业趋势，走在时代前列的青年大学生，不断以自己的创业行动响应潮流号召。

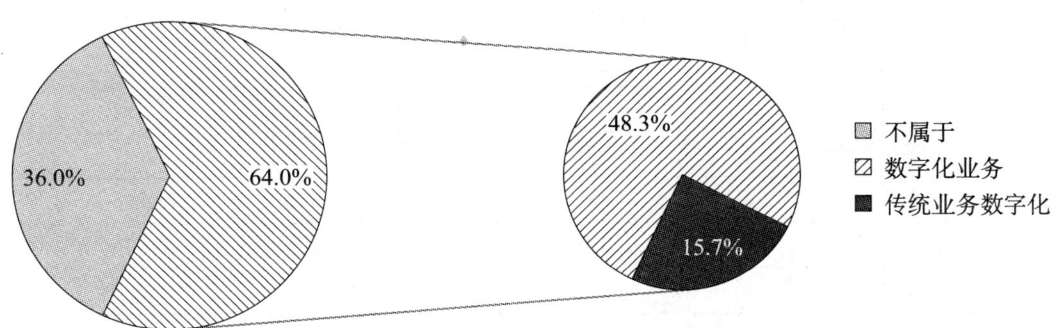

图 3－12　调查样本的创业企业数字技术驱动性

（六）商业模式选择

初创企业的商业模式选择可从市场需求和技术驱动两段切入，一从客户端出发，围绕客户需求进行价值捕获，实现价值创造；二从资源端着手，基于技术手段进行创业活动规划。此处从价值捕获、价值主张和价值创造三个维度展开，共设计 11 个题项。结果如图 3－13 所示，在对公司的商业模式评价中，市场需求的平均得分为 3.425 9 分，技术驱动的平均得分为 3.435 9 分，差异并不显著，这意味着在多数大学生创业者的商业模式选择中，市场与技术二者不分伯仲，他们既关注到了技术层次的导向性，又未忽略需求层次的顾客重要性。

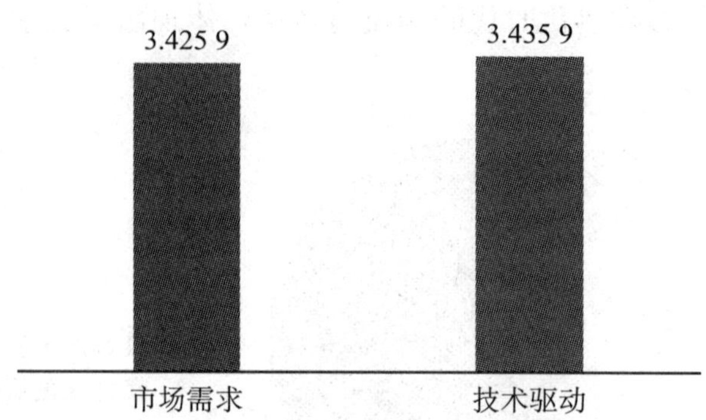

图 3-13　调查样本的创业企业商业模式

如表 3-6 所示，44.3%的大学生创业者认为其企业商业模式的特色主要体现在核心资源上，资源决定论是多数大学生创业者的共识；其次，有 41.4%的大学生创业者选择价值主张，39.8%的大学生创业者选择客户关系，37.2%的大学生创业者选择渠道通路，从价值、客户和渠道多个方面突出商业模式。

表 3-6　　商业模式特色体现因素

商业模式特色体现因素	次数	百分比	个案百分比
核心资源	304	17.9%	44.3%
价值主张	284	16.8%	41.4%
客户关系	273	16.1%	39.8%
渠道通路	255	15.1%	37.2%
合作网络	199	11.7%	29.0%
成本结构	120	7.1%	17.5%
关键活动	111	6.6%	16.2%
收入来源	94	5.5%	13.7%
客户细分	51	3.0%	7.4%
其他	3	0.2%	0.4%
总计	1 694	100.0%	246.9%

四、创业关键要素

(一) 创业成功

如表 3-7 所示，28.4%的大学生创业者认为“一个好汉三个帮”，团队是创业

成功的关键要素，这与其公司人员规模较小有关，团队质量在很大程度上决定了公司质量。值得注意的是，仅有8.2%的大学生创业者选择了资金，这或许是由大学生的创业性质决定的，一方面，其企业多处于发展初期，关注多集中在团队、技术和商业模式中，对资金需求量相对较少；另一方面，他们会受到学校和社会的广泛支持，对资金的需求考虑较少。

表3-7　　创业成功关键要素

创业成功关键要素		次数	百分比	累积百分比
有效	团队	195	28.4%	28.4%
	技术	136	19.8%	48.2%
	商业模式	97	14.1%	62.3%
	时机	76	11.1%	73.4%
	创业机会	68	9.9%	83.3%
	创业经验	58	8.5%	91.8%
	资金	56	8.2%	100.0%
	总计	686	100.0%	

（二）创业失败

1. 创业障碍

如表3-8所示，56.4%的大学生创业者认为其创业过程中遇到的最大困难是资金缺乏，结合创业成功因素的调查结果，可以得出对大学生创业者而言，资金或许不是创业成功的关键因素，但却是创业过程中难以克服的主要问题。其次，还有19%的大学生创业者选择缺乏指导为主要障碍，暗示了当前高校创业指导的缺乏。

表3-8　　创业障碍

创业障碍		次数	百分比	累积百分比
有效	资金	387	56.4%	56.4%
	缺乏指导	130	19.0%	75.4%
	项目	60	8.7%	84.1%
	手续繁杂	48	7.0%	91.1%
	场地	34	5.0%	96.1%
	家人反对	14	2.0%	98.1%
	其他	13	1.9%	100.0%
	总计	686	100.0%	

如表3-9所示，关于不同创业障碍，硕博学历的创业者选择缺乏指导的比例要明显高于高职高专和本科学历的创业者，这主要起因于不同学历教育中创业指导重视程度的不平衡，更多资源服务于高职高专和本科，硕博的指导相对较少。

表 3-9　　不同学历创业障碍的分布情况

学历	资金	场地	项目	手续繁杂	缺乏指导	家人反对	其他	总计
高职高专	102	12	14	14	35	4	4	185
	55.1%	6.5%	7.6%	7.6%	18.9%	2.2%	2.2%	100.0%
本科	274	21	41	33	88	8	8	473
	57.9%	4.4%	8.7%	7.0%	18.6%	1.7%	1.7%	100.0%
硕士	7	1	5	1	5	2	0	21
	33.3%	4.8%	23.8%	4.8%	23.8%	9.5%	0.0%	100.0%
博士	4	0	0	0	2	0	1	7
	57.1%	0.0%	0.0%	0.0%	28.6%	0.0%	14.3%	100.0%
总计	387	34	60	48	130	14	13	686
	56.4%	5.0%	8.7%	7.0%	19.0%	2.0%	1.9%	100.0%

2. 创业失利

关于创业失利的原因，如表 3-10 所示，很多大学生创业者将其失利归因于资金短缺，所占比例为 39.2%，是列表项目中最高的，这与创业障碍的调查结果一致，其下依次是技术/产品、管理不善、团队问题等，其中位列第二的技术/产品原因，其所占比例还不足资金原因所占比例的一半，再次证明了资金对大学生创业的重要程度和获取的相对难度。

表 3-10　　创业失利原因

创业失利原因		次数	百分比	累积百分比
有效	资金短缺	269	39.2%	39.2%
	技术/产品	118	17.2%	56.4%
	管理不善	96	14.0%	70.4%
	团队问题	91	13.3%	83.7%
	业务成本过高	42	6.1%	89.8%
	税费过重	32	4.7%	94.5%
	找到更好工作，放弃创业	25	3.6%	98.1%
	其他	13	1.9%	100.0%
	总计	686	100.0%	

五、大学生创业生态

在“大众创业，万众创新”的国家战略支持下，大学生作为创新创业的生力军，受到了多方关注和广泛支持。学校、政府以及众多社会机构致力于孵化平台的搭建和服务体系的构建，大学生创业生态得以建立。本报告中，着重对大学生所在院校、政府，以及创投融资、基础设施提供方这两类社会机构进行分析。

（一）总体分析

1. 创业机构

如表 3－11 所示，在对创业影响最大的机构选择中，政府占比最高，为 35.7%；风投机构，高校等教育机构，创业训练营等培训机构，大企业等行业合作伙伴，园区、孵化器等基础设施提供方紧随其后。由此可以看出大学生创业是一项需要各方参与的活动，政府政策支持、风投资金支持、教育机构和培训机构的专业支持对大学生创业者而言至关重要；且由于大学生创业者的特殊身份，政府的相关政策较为集中，支持力度也相对较大，大学生普遍认可政府的重要影响。

表 3－11　院校创业机构

院校创业机构	次数	百分比	个案百分比
政府	245	15.0%	35.7%
风投机构	241	14.8%	35.1%
高校等教育机构	237	14.6%	34.5%
创业训练营等培训机构	237	14.6%	34.5%
大企业等行业合作伙伴	229	14.1%	33.4%
园区、孵化器等基础设施提供方	223	13.7%	32.5%
专业创服机构	147	9.0%	21.4%
科研机构	63	3.9%	9.2%
其他	6	0.4%	0.9%
总计	1 628	100.0%	237.3%

2. 合作关系

如表 3－12 所示，45%的受调查者表示最需要建立的合作关系是与上下游合作伙伴的关系，其次分别是与大企业的关系、与同行的关系以及与科研机构的关系，而与用户的关系占比最少。这与 2017 年用户位列首位的调查结果相悖，大学生创业者的重要合作伙伴开始由需求端向供应端移动。

表 3-12　需要建立的合作关系

需要建立的合作关系	次数	百分比	个案百分比
上下游合作伙伴	309	26.2%	45.0%
大企业	268	22.7%	39.1%
同行	228	19.3%	33.2%
科研机构	201	17.0%	29.3%
用户	171	14.5%	24.9%
其他	3	0.3%	0.4%
总计	1 180	100.0%	172.0%

（二）大学生所在院校

1. 总体创业环境

（1）现有创业机构

如表 3-13 所示，各高校现有的创业机构类型丰富，其中有超过半数受调查者所在院校设有大学生创业指导中心，41.7%的受调查者所在院校设有大学生创业社团，此外，创新创业教育平台、大学科技园等综合性创业机构的个案百分比也相对较高，可见多数院校都在积极为大学生创业者提供全方位、多角度的服务。但值得注意的是，多数学校在实践基地和创业投资基金的设置上有所缺乏。

表 3-13　院校创业机构

院校创业机构	次数	百分比	个案百分比
大学生创业指导中心	360	16.9%	52.5%
大学生创业社团	286	13.4%	41.7%
创新创业教育平台	260	12.2%	37.9%
大学科技园（或孵化器）	224	10.5%	32.7%
创业类专业	223	10.4%	32.5%
创业训练营	194	9.1%	28.3%
创业实践基地	185	8.7%	27.0%
创业学院	144	6.7%	21.0%
创业投资基金	139	6.5%	20.3%
创业研究中心（研究院）	111	5.2%	16.2%
其他	9	0.4%	1.3%
总计	2 135	100.0%	311.2%

（2）创业活动开展情况

院校创业活动主要包含创业教育课程和创业实践培训两类，其开展情况如图

3－14所示，有42.9%的大学生创业者表示相关活动虽有但很少，还有13.8%的大学生创业者表示没有创业相关活动，可见部分院校的创业活动开展尚显不足，创业支持工作还需进一步努力。但与此同时，还应关注到已有32.2%的受调查大学生创业者表示创业活动不少，且越来越多，这反映出了院校创业活动良好的发展态势。

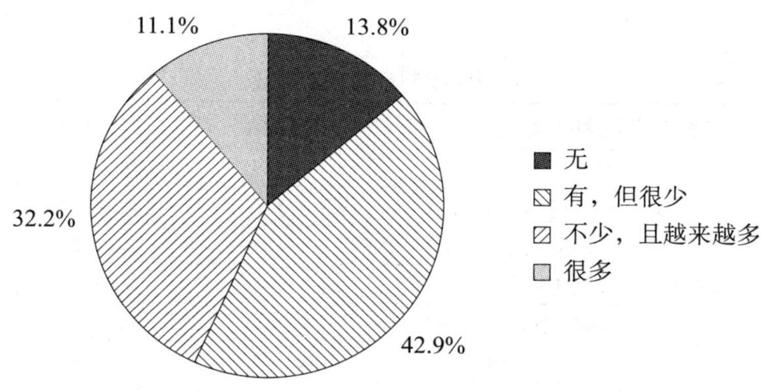

图3－14　所在院校的创业活动开展情况

2. 对院校的创业帮助需求

(1) 课程内容需求

如表3－14所示，49.6%的受调查者希望学校开设与管理相关的课程，47.2%的人想要学习有效的营销手段，还有44.9%的人认为运营能力也是亟须锻炼的，这说明现阶段大学生更为注重与项目整体管理或项目推广、运营相关的能力。与之相对，财务、法律、产品开发、案例分析类专业性技能的呼声不高，可见大学生创业者对辅助性、专业性技能的提升兴趣不大，各院校可结合创业者需求设置课程、开展活动。

表3－14　院校创业课程

院校创业课程	次数	百分比	个案百分比
管理	340	20.6%	49.6%
营销	324	19.7%	47.2%
运营	308	18.7%	44.9%
产品开发	200	12.1%	29.2%
法律	192	11.7%	28.0%
财务	143	8.7%	20.8%
案例分析	139	8.4%	20.3%
其他	2	0.1%	0.3%
总计	1 648	100.0%	240.2%

（2）创业政策需求

如表 3-15 所示，22.4%的受调查者表示，希望院校制定“创业算学分”的创业政策，以减轻其学业压力；20.4%的受调查者希望“实验设备向学生开放”，高校可以充分利用现有技术设施为学生提供创业帮助。此外，休学创业和放宽学习年限的选择占比相对较少，侧面体现出多数大学生创业者能够较好地平衡学习与创业的关系。

表 3-15　希望院校制定的创业政策

希望院校制定的创业政策		次数	百分比	累积百分比
有效	创业算学分	154	22.4%	22.4%
	实验设备向学生开放	140	20.4%	42.9%
	优先转入创业相关专业	132	19.2%	62.1%
	学校科研成果优先向创业学生转让	100	14.6%	76.7%
	休学创业	77	11.2%	87.9%
	放宽学习年限	71	10.3%	98.3%
	其他	12	1.7%	100.0%
	总计	686	100.0%	

（三）政府

如表 3-16 所示，46.8%的被调查者表示希望政府提供的帮助是创业担保贷款，资金问题依旧是大学生创业者面临的最大障碍；其次，还有 28.9%的被调查者希望政府能够简化注册手续，28.1%的被调查者希望在政府协调下获得技能培训；税收减免、优惠场租和专利保护的诉求则相对较少，这与 2017 年优惠场租和税收减免分别位列二、三位的调查结果存在明显差异，这从侧面说明了场地与税收问题已经得到部分改善。

表 3-16　所需政府帮助

所需政府帮助	次数	百分比	个案百分比
创业担保贷款	321	27.4%	46.8%
注册手续简化	198	16.9%	28.9%
技能培训	193	16.5%	28.1%
税费减免	184	15.7%	26.8%
优惠场租	156	13.3%	22.7%
专利保护	116	9.9%	16.9%
其他	3	0.3%	0.4%
总计	1 171	100.0%	170.7%

(四) 创投融资

1. 创业资金来源

如表3－17所示，在创业资金的主要来源上，24.9%的被调查者选择了自己的积蓄，19.8%的被调查者选择贷款，政府或学校支持占比为17.5%，位列第三，而创业伙伴和投资机构的占比仅分别为15%和8%。可见大学生对政府、学校和社会的资金资源的利用率相对不足，更多还是依靠个人途径积攒创业资金。

表3－17　创业资金主要来源

创业资金主要来源		次数	百分比	累积百分比
有效	自己的积蓄	171	24.9%	24.9%
	贷款	136	19.8%	44.8%
	政府或学校支持	120	17.5%	62.2%
	创业伙伴	103	15.0%	77.3%
	家人	99	14.4%	91.7%
	投资机构	55	8.0%	99.7%
	其他	2	0.3%	100.0%
	总计	686	100.0%	

2. 对风险投资机构的创业帮助需求

如表3－18所示，过半的被调查者希望风投机构提供资金支持，这也是风投机构的主要功能；其次，分别还有44.2%和42.1%的被调查者提出了对接合作资源、提供专业指导的诉求，希望充分挖掘风投机构的其他价值。

表3－18　所需风投机构帮助

所需风投机构帮助	次数	百分比	个案百分比
资金支持	374	33.1%	54.5%
对接合作资源	303	26.8%	44.2%
提供专业指导	289	25.6%	42.1%
对接其他资金方	134	11.9%	19.5%
背书	28	2.5%	4.1%
其他	1	0.1%	0.1%
总计	1 129	100.0%	164.6%

(五) 空间、园区等基础设施提供方

如表 3－19 所示，分别有 34.3%和 32.8%的被调查者认为最需要众创空间、园区、孵化器等空间等提供的帮助是优惠场租和良好的办公场所和物业服务，可见大学生创业者对基础设施提供方的基本诉求还是场地，包括场地的价格减免和良好服务。除此之外，还有一定数量的大学生创业者提出创业培训服务、诊断咨询服务、中介服务、政策服务、融资服务等一系列帮助需求。

表 3－19　所需基础设施提供方帮助

所需基础设施提供方帮助	次数	百分比	个案百分比
优惠场租	235	19.6%	34.3%
良好的办公场所和物业服务	225	18.8%	32.8%
创业培训服务	201	16.8%	29.3%
管理、法律等诊断咨询服务	201	16.8%	29.3%
代理代办等中介服务	142	11.8%	20.7%
政策服务	103	8.6%	15.0%
融资服务	89	7.4%	13.0%
其他	4	0.3%	0.6%
总计	1 200	100.0%	174.9%

总结

(一) 创业者画像

创业者画像共包含三个维度，即基本特征、创业经历和创业特质。

从创业者的基本特征来看，在性别特征上，发展日益均衡，越来越多的女大学生开始投身创业大军；在年龄特征上，与大学生年龄分布对应，大学生创业者的年龄主要集中在 16～25 岁；在学历特征上，本科生是大学生创业者的主力军，高职高专位列第二；在成绩特征上，多数大学生创业者创业与学业兼得，且创业人数随着成绩的降低而减少。

从创业者的创业经历来看，多数创业者开始创业于在校期间，其次是毕业后较短时间内；且创业前拥有跨行业工作经历的现象普遍，创业是其在不断尝试基础上做出的最优选择。

从创业者的创业特质来看，在机会识别能力上，大学生创业者的表现总体良好，各维度得分均衡，但相较之下，行业视角和需求视角是主要切入点，宏观经济和政策层次，以及技术层次的机会识别略有不足；在创业动机上，大学生创业者主要受个人价值驱动，此外也有不少大学生创业者认为创业是改善生活的重要途径。值得注意的是，男性大学生创业者在情怀动机上表现明显，而女性则在务实动机上更为突出；在须具备的个性特征上，近半数的大学生创业者已经意识到创业是一项充满挑战的活动，认为不屈不挠的品格至关重要，创业激情位列其后；在职业成功观上，大学生创业者更多是追求内在满足与和谐平衡。

（二）创业企业画像

从创业企业画像来看，在行业领域上，大学生创业活动主要集中在服务领域，此外，还有部分大学生在创业项目上紧紧跟随创业潮流，开始涉足科技领域；在公司规模上，多以小公司为主；在融资状况上，多数创业企业或项目还停留在初期发展阶段，仅完成种子轮或天使轮融资；在公司经营状况上，大学生创业者认为在市场估值和利润维度的绩效表现更好，而员工数的绩效表现相对欠佳。

在数字技术依赖性上，63.1%的大学生创业者认为其公司业务高度依赖互联网或移动互联网技术，64%的大学生创业者认为其公司业务是由数字技术驱动的，充分体现出数字化的创业趋势；在商业模式选择上，市场与技术二者不分伯仲，多数大学生创业者既关注到了技术层次的导向性，又未忽略需求层次的顾客重要性，且资源决定论是多数大学生创业者关于商业模式特色体现因素的共识。

（三）创业关键要素

从创业关键要素来看，在创业成功上，“一个好汉三个帮”，认为团队是创业成功的关键要素，而对资金的关注相对不足；在创业障碍上，资金是创业过程中难以克服的主要问题，其次是缺乏指导。此外，有39.2%的大学生创业者将失利归因于资金短缺，再次证明了资金对大学生创业的重要程度和获取的相对难度。

（四）大学生创业生态

从大学生创业生态来看，主要包含院校、政府、社会三个维度。在对创业影响最大的机构选择中，政府、风投机构、高校等教育机构、创业训练营等培训机构均有一定占比，且差距较小，可见大学生创业是一项需要各方参与的活动；在最需要建立的合作关系选择中，大学生创业者的重要合作伙伴开始由需求端向供应端移动，45％的受调查者表示最需要建立的合作关系是与上下游合作伙伴的关系，其次分别是与大企业的关系、与同行的关系以及与科研机构的关系，而与用户的关系占比最少。

从大学生创业生态的院校维度来看，在创业机构上，现有的创业机构类型丰富，指导中心、社团占比最多，但实践基地和创业投资基金的设置有所不足；在活动开展情况上，部分院校的创业支持工作还需进一步努力，但呈现出了良好的发展态势；在学生对院校的创业帮助需求方面，大学生在开设课程方向上更为注重与项目整体管理或项目推广、运营相关的能力，对辅助性、专业性技能的提升兴趣不大，在创业政策上更希望院校制定“创业算学分”和“实验设备向学生开放”的政策，休学创业和放宽学习年限的选择占比相对较少。

从大学生创业生态的政府维度来看，在对政府的创业帮助需求上，46.8％的被调查者表示希望政府提供的帮助是创业担保贷款，其次是简化注册手续和技能培训等，税收减免、优惠场租和专利保护的诉求则相对较少。

从大学生创业生态的社会维度来看。其一是创投融资，在创业资金来源上，大学生对政府、学校和社会的资金资源的利用率相对不足，更多还是依靠个人途径积攒创业资金；在对风投机构的创业帮助需求上，过半的被调查者希望风投机构提供资金支持，此外还有对接合作资源、提供专业指导等其他诉求。其二是空间、园区等基础设施提供方，大学生创业者对基础设施提供方的基本诉求还是场地，包括场地的价格减免和良好服务；除此之外，还有一定数量的大学生创业者提出创业培训服务、诊断咨询服务、中介服务、政策服务、融资服务等一系列帮助需求。

第四章　2018 大学生创业案例

概　　述

下文所提及的五个创业项目作为大学生创业有许多共同之处，在团队、商业模式和创业动机等方面呈现出大学生创业区别于非大学生创业的特点。

团队方面，五个项目的创始团队人员组成都是以在校大学生为主。具体而言，桔子路（团队名称“桔子路”中的“桔子”与水果“橘子”无关）有着独具特色的校园合伙人制度，在全国近百所高校有两百多位校园合伙人；快乐米兔在创业初期也是以大学生为主，由创始人黄玉栋亲自对他们进行培训；趣弹音乐初创的十几名大学生中，则有四位至今还留在团队里面，对于团队的发展、沟通和协调发挥了很大的作用；黔承世锦的四位创始人则是黔东南民族职业技术学校的同学，由于一起参加创业大赛而结缘，并携手同行至今。

商业模式方面，大学生创业往往会提出比较新颖的点子，并且由于大学生几乎都是“互联网原住民”，在这些项目里也常常能看到线上线下的联动。桔子路的创新之处在于以创新性的 C2M 模式，实现消费者直接到工厂的零售模式，砍掉了中间环节的加价，创造了高性价比的大学生电子商务平台；快乐米兔通过实现软件、硬件、课程与师资的四位一体，将线下教育培训和线上短视频新媒体相结合，向中小学生普及 STEAM 教育；趣弹音乐同样是 B2C 的模式，将线下授课与线上网络教学与卖货相结合；黔承世锦虽然是传统民族工艺品的制作与售卖，但其成员将线上推广作为极其重要的部分，在论坛、微信微博等自媒体和购物网站实现宣传推广；雨滴教育同样将线上线下相结合，线上采取真人外教一对一，线下每周一节课应用所学内容。

创业动机方面，一方面这些创业项目均是发现蓝海机会，另一方面很多是受到了学校环境的影响。桔子路是发现熟悉的大学生市场存在蓝海机会；快乐米兔同样有这方面的考虑，认为大学生做教育更容易受到家长的信任；趣弹音乐创始人帅圳兴也是在校园内接触到尤克里里之后，才开始沉迷于这种乐器，并进一步萌发了由此创业的想法；黔承世锦四位成员则是由于参加学校创业大赛而诞生创业想法。

最后，在本次的大学生创业项目之中，我们发现女性创业开始发挥越来越重要的作用。快乐米兔的运营部基本都是由年轻女性组成，部门文化被戏称为“精致文明”；黔承世锦的四人初创团队里更是有着三名女性，并且性格互补，唐启凤，活泼开朗；石庆兰，思路清晰，想法独特；韦绍媛，做事细心严谨。但最为典型的还是雨滴教育的创始人李洪坤，自高考之后开始创业，期间经历了很多这个年纪女生们难以理解的困难，最终做出来雨滴教育这个年营业额逾千万的项目。

一、另辟蹊径的校园电商——桔子路

（一）不忘初心，挺进校园市场

1. 电商“技术咖”辞职，追寻创业梦想

桔子路创始人邵鹏毕业于北京理工大学计算机专业，他在校期间就以桔子路为名进行过玩票性质的 O2O 创业尝试，不过，大家毕业各奔东西后就搁置了下来。邵鹏毕业后进入 58 同城，负责销售。第一个客户赏识他的能力，想挖他进团队。经过一年的思考后，邵鹏加入他的团队，做图书类电商技术工作，在这期间他积累了大量一手经验，也做了很多业内创新。但因不满股权待遇，邵鹏在积累了一笔启动资金后辞职，着手创业。

曾经在校园时代没发展成型的桔子路重新进入他的视野，他与北理工同门开始研究中国市场，最终确定为做针对高校消费群的购物网站，找到了二三线城市校园购物体验上的空缺。现在的电商市场虽然看起来群雄割据，各霸一方，但还是不能够满足所有的客户，留下了值得深挖的边缘市场。在二三线城市，大学城往往是将学生集中在比较偏远的地段，各项配套服务不齐全。对于这些大学城的学生来说，电商的便利性就大打折扣，他们甚至享受不到校园内送货上门服务。理想生活，上天猫就够了；京东，只为品质生活。在中国消费升级的格局下，京东、天猫都是定位在为中产品质生活服务。诸如，专注化妆品的聚美优品，专注服装特卖的唯品会，都是为了女性的生活品质提升；再诸如，网购图书，就会想到当当，大家电就

会想到苏宁易购等。在中国电子商务欣欣向荣，无所不能的时代，为什么没有专注于服务大学校园生活的购物网站呢?

这个接近 3 000 万的庞大群体，应该享受到在消费升级环境的服务升级，这就是桔子路成立的初衷。

桔子路成立就是为大学生群体提供价格优惠，质量过硬，服务周到，有售后保证的产品。基于大学生是桔子路主要服务的群体，就决定了桔子路对产品的选择是新颖的，活泼的，朝气的，健康的。这也是桔子路区别于其他购物网站独特的地方。

邵鹏认为，专门在二三线做针对高校消费群体的购物网站，相比现有购物网站，能以更低的价格提供商品。

2. 峰回路转，苦乐同行

刚开始，邵鹏和创业团队在人大附近租住在一间又小又黑的屋子里，大家在一起没日没夜地筹划。但是狭小封闭的环境也让团队变得封闭、自大。入驻具有创业孵化功能的“车库咖啡”后，在这个开放的平台，邵鹏每天都可以认识大量的朋友，大家互相交流品牌经验，分享思路，让桔子路的前景豁然开朗。

虽然在电商领域颇有经验，但是白手起家的邵鹏在创业的过程中要承担大量的决策压力。队里的矛盾摩擦，成员各自为营，观念不容的情况不在少数。其实大家虽然观念有分歧，只要抓住共同的目标，通过头脑风暴、换位思考，退一步海阔天空，就能够实现个人和团队的相互适应，而最终获得双赢。比如最大的一次摩擦就是在校园合伙人问题上，邵鹏主张先招募校园合伙人，另外一个人主张先开发市场需求，再招募合伙人，吵得不可开交，于是邵鹏采取小范围实践的模式，让对方心服口服，矛盾得以妥善解决。

邵鹏说，创业过程就是对自己性格磨炼的过程，如果能够克服自己的性格缺陷，就有很大的可能会成功。他还说，“创业让我可以非常客观和深刻地认识自己，认识自己的优势和缺陷是什么。”

邵鹏开玩笑地说，他以前最喜欢踢球，可是创业了哪儿还有那个时间呢?现在因为没空运动，“过劳肥”也成了烦恼。每天都要及时应对各种各样的变化，必须保持自己处于不断学习的状态中。

（二）桔子路的团队与企业文化

1. 独特的“校园合伙人”制度

桔子路比起其他创业团队，在人员组成上有非常耀眼的一个创举——“校园合伙人”制度。

因为桔子路深耕大学生市场，必须拥抱大学生群体，干脆把用户转化为管理者，让大量在校学生有机地融入桔子路，他们是桔子路源源不断的新鲜血液。

桔子路目前有来自全国近百所高校的240多位校园合伙人，计划在今年大一新生开学后把合伙人团队扩展到全国300多所高校的500多位校园合伙人。校园合伙人制度是桔子路的宝贵财富。校园合伙人基本上能独立完成桔子路的校园推广，比如传单的发放，海报的张贴，甚至和学校合作的活动落地等。桔子路校园合伙人大部分是大一大二的在校大学生，他们能深刻地了解大学生需要什么样的产品，大学生关注什么类型的产品。校园合伙人的时时反馈，决定了桔子路网站产品的选择。

桔子路目前分成服装饰品、化妆品、鞋靴和校园达人等不同事业部。现在每个事业部的负责人都是来自校园合伙人，他们领导本事业部的其他校园合伙人，对所负责的区块进行产品的甄选、整理、编辑、产品图片的处理，等等。每个事业部对本事业部的产品负责。

校园合伙人奋斗在运营的第一线，工作能力突出，独当一面。

2. 来之不易的校园合伙人团队

要击中一个新市场的痛点，一定要深入了解用户的需求。当桔子路确定了把工作重心从电商林立、竞争红海的北京转入同样高校众多但是二线城市的武汉的战略后，对武汉科技大学、武汉理工大学、汉口大学进行了试点和铺垫工作，高校合伙人制度也在试点中应运而生。

大学生，是消费能力、创造力最旺盛的一群人。让他们进入桔子路工作，不仅能够胜任推广等基础的经营工作，更能做一条纽带，和市场建立最直接最深入的联系。

桔子路网站还未建成时，招募校园合伙人成了一件困难重重的事情。学生们不信任一个还未成型的创始团队，生怕遇到传销组织或者骗子。创始人潜入高校的QQ群和BBS发布招募信息，结果总是被管理者秒删帖、秒踢群。邵鹏向同学发了1 000～2 000条私信，有400余个回复都骂桔子路是“骗子”。招募近一个月，进展甚微。直到一个将信将疑的女生出现，招募才出现了转机。她不仅自己干得风生水起，并且向一群同学、朋友宣传桔子路，从此合伙人数量踩上了“拐点”，一周内校园合伙人就增至240余人。一旦打破陌生人间的信任危机，进入社交关系天然信任和密切的同学圈内部，校园合伙人制度就能够呈网状铺开。现在校园合伙人已经覆盖了100多所高校。

3. 能力拔群的校园合伙人

武汉理工大学的冯锦涛和汉口学院的李壮作为资深的校园合伙人，和我们分享了他们做校园合伙人的点点滴滴。

他们进入桔子路的契机，都是自发地觉得在大学生活中，应该走向社会、锻炼自己的能力。现在大学生观念与以往最大的不同之处，就是先考虑自己能学到什么、获得什么锻炼而不是先考虑报酬。就是这样一群不甘平凡，充满干劲儿和驱动力的同学，开始承担桔子路的基础工作。

校园合伙人做得最多的，是在供货商浩繁的商品目录里选择即将在桔子路销售的产品，并且整理图片、对商品进行架构设定，把商品编辑上线，进行商城的基础维护。一开始，邵鹏也不敢放手，怕学生们做不好，但是他没有想到，同学们做得非常细致认真，工作完成得好到令人感动。现在，每个事业部都由大学生做主力。

4. 桔子路和校园合伙人共同成长

李壮现在已经被邵鹏任命为即将线下开业的新零售旗舰店的子公司负责人。新店规划的规模大概五十平方米，主旨是引入科技，用RFID技术，可以快速结账，不用排队，由线下获客，带动线上流量。仅仅大三，他就已经能深受创始人信任，独当一面。

一开始，李壮和一个北京服装学院的女生为桔子路的服装部门选款，不过他自称“审美平平”，选衣服不如搞设计艺术的女生敏锐、专业。后来，他的工作重心从内部转向外部，他能独立谈下供货商了，淘宝上看到的好的商品，就通过客服联系到供货商，虽然不是每家都搭理他，但是还是拿下了不少大单。他觉得虽然供应商相同，但是桔子路比起淘宝的竞争优势就是，省掉了好多轮中间商，厂家直销，质量和售后都很有保障，无假货。买同样的东西，却花更少的钱。李壮现在身为子公司负责人，独立和高校领导谈下了合作，高校创业学院提供场地，成立创业培养基地，招募对创业感兴趣的同学加入桔子路。他从一个基层员工晋升为管理者，即将组织起一个属于自己的团队。

冯锦涛是武汉公司的监事，主要负责公司的宣传和销售，他每天以兼职的形式工作1～2小时。他觉得这样的工作强度恰能胜任，每每获得顾客的好评时，成就感就满满的，这成为他工作中最值得开心的事情，也是他最大的工作动力。

目前，桔子路的组织结构和人力资源管理还处相对扁平的状态，没有对校园合伙人进行明确的职位划分和晋升通路的制度性规划。如果个人能力突出，会直接受到创始人的提拔和抽调，承担更大的权责。

5. 模式的创新，未来的挑战

桔子路的校园合伙人更多的是凭借自己的一腔热血和想学习、想锻炼的初心，不计较薪酬地为桔子路服务。桔子路也提出了对校园合伙人的股权激励机制，这样的激励方式能把学生工作者真正转化成为和公司勠力同心、紧密结合的命运共同体，成为真正意义上的“合伙人”。校园合伙人，开创了大学创业人力资源管理的一种全新模式（见图 4－1）。

图 4－1　桔子路人力资源管理模式

但同时，校园合伙人制度也存在一些初期阶段的不足。

最大的问题就是因为高校学生每四年就要经历入学到毕业的轮换，流动性强，校园合伙人每年都要面临较大的招聘和人才流失的压力。在问及李壮是否打算毕业后继续在桔子路就业时，他也无奈地表示他打算考研，只能离开半年，找同学接管事业，考研成功后再重整河山把桔子路开拓到新的学校。创始团队中一位非常出色的大四男生因为毕业而离开，邵鹏提到这个问题，深深遗憾。

桔子路如何可持续地获得人才、培训人才、留住人才，是随着桔子路团队发展壮大必须面对的问题。

同时，校园合伙人更多的是依靠同学的自愿和自觉、用锻炼能力的附加形式进行激励。这种流动性强、扁平化、内部随意性和活跃性都很强、不强调绩效的组织结构也会遭遇挑战。桔子路没有建立制度化的规范带来了一些问题，曾有一个在桔子路做过简单基础工作的人离职后公然对外声称是桔子路的创始人，进而招摇撞骗。

如何长期保持校园合伙人团队的积极性和持续动力，是否应该引入规范化的薪酬制度和晋升制度，是否应该引入绩效考核和层级化的管理模式，都是桔子路需要深入考虑的。

6. 别具一格的桔子路文化

桔子路，和它所服务的大学生群体一样，充满了年轻、活泼、有闯劲儿的精神。

李壮管他的顶头上司——创始人邵鹏叫“鹏哥”。他在暑假随鹏哥到北京拓展业务，被安排在朋友家，一起同吃同住，被鹏哥带着游览名胜，情同手足。

鹏哥非常健谈，很有远见，充满领导力风范，决策非常果断，做事雷厉风行；而同事军哥做事缜密谨慎，善做实事。这样的创始人性格和领导力风格恰好互补，让桔子路的发展路线既稳健又清晰。

桔子路里最常说的一句话是“我有态度，我是桔子路”。校园合伙人都是大学生，互相之间没有代沟，都非常有创新精神。而鹏哥和军哥作为创始人，也非常年轻，和大家打成一片。整个团队奉行的是敢想、敢做、敢拼的精神，一起表现出当代大学生的活力和态度。桔子路的每个成员都非常有活力和激情，敢想、敢拼、敢做，原来，大学生都可以独立地挑大梁，做好供应链和战略布局上大大小小的事情的。

李壮说，在桔子路的一年，也是他收获颇多，飞速成长的一年。他在不断地和更高层次的人沟通的过程中锻炼得敢说敢做，以前踌躇不前不敢实施的想法现在都变得信心满满，大胆放手地去实施了。

（三）细分市场做深耕，桔子路凭什么脱颖而出？

在中国，电商是创业的热点，也是经济创新的支柱（见图 4－2）。但是近年来几大电商已经形成把持之势，2017 年天猫占据中国 B2C 网络零售平台市场 51.1% 的份额，领先优势明显。京东和唯品会分别以 33.1%及 5.4%的市场份额位列其后。在几大寡头的夹击之中，桔子路必须另辟蹊径。

图 4－2　中国移动电商行业图谱

1. 精准定位：瞄准大学生

桔子路目标客户群体是大学生。大学生购买的商品具有鲜明的群体性特征，大学生的购物需求，形成了巨大的消费市场。在勇敢创业的过程之中，邵鹏遇到一群志同道合的人。邵鹏和创业的小伙伴们一开始是在人大旁边出租屋里面做一些研发的工作，经过逐渐探索，瞄准校园市场，他们查看并且仔细研究中国市场，发现没有专属的服务大学生的市场网站，于是，诞生了桔子路的伟大构想。

2. 大学这个细分市场，并不简单

现存的市场由两种海洋所组成：即红海和蓝海。红海代表现今存在的所有产业，即已知市场空间；蓝海则代表当今还不存在的产业，即未知的市场空间。

在红海中，市场空间越来越拥挤，利润和增长前途也就越来越黯淡。各竞争者已经打得头破血流，残酷的竞争也让红海变得越发鲜血淋漓。恰恰相反，蓝海代表着亟待开发的市场空间，通过创造新需求争取高利润增长的机会。大多数蓝海是通过在红海内部扩展已有产业边界而开拓出来的。

就桔子路而言，从地理条件上看，市场主要出于二三线城市的偏僻大学城，学生出行成本高，大部分会选择网购；从消费客户来看，大学生的消费还处于比较保守的阶段，经济来源有限，购买时更注重性价比。通过对消费偏好的调查，桔子路推出了一系列不同产品。

大学生的消费能力有限，但消费偏好存在较大差异，主要原因在于地理位置、性别、年龄、学历等差异。

桔子路的战略中心在二三线城市，这是由大学市场的特殊性所决定的。除京东外，大部分快递不允许进驻校园，而京东在二三线城市竞争力有限，这是桔子路发展的空间所在。

3. 销售和营销

为了接触到客户，桔子路的创业团队使用了一切能够使用到的方法。桔子路在下创立了校园合伙人制度，创始人不断地路演、演讲吸引加入者；在上积极与政府达成合约、与进驻的校园签订协议。在中国大众创业万众创新的背景下，校园和政策的支持对桔子路有莫大的帮助。

4. 生产

供货商、用户、桥梁和网站是三个核心部分。通过网站选择产品，再利用供应商供应货物。总之就是注重内涵，不要太形式主义。

（四）桔子路的商业模式：C2M 的优势

桔子路是一个专门为大学生创办的购物网站，其商业模式具有非常鲜明的特点和行业竞争优势：一是源于它能提供独特价值，既包含新思想，又包括产品和服务的独特组合——桔子路的这种组合使得客户能用更低的价格获得同样的利益，或者用同样的价格获得更多的利益。二是脚踏实地。企业要做到量入为出、收支平衡。

如图 4－3 所示，C2M 就是消费者到工厂，这种模式一头连着制造商，一头连着消费者，桔子路减少掉库存、物流、总销、分销等一切可以短路掉的中间环节，砍掉了包括库存在内的所有不必要的成本，让用户以超低价格购买到超高品质的产品。

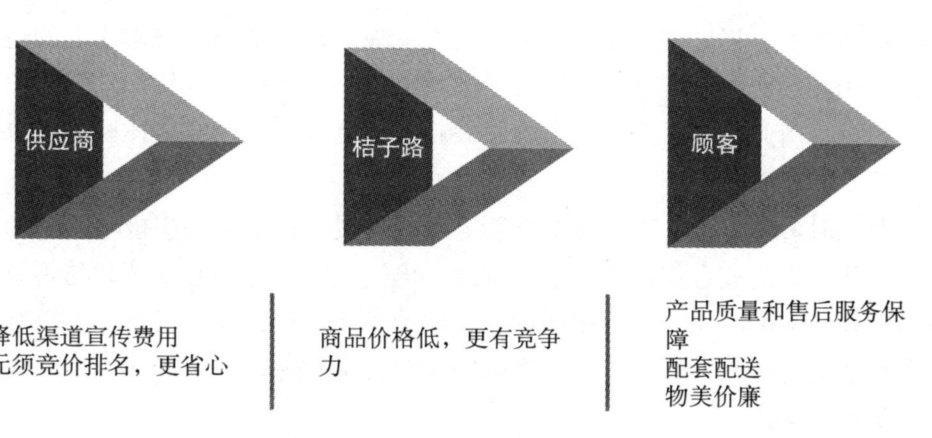

图 4－3　桔子路 C2M 商业模式

除此之外，桔子路还有以下几点鲜明的特征：通过招募广大校园合伙人扩大市场；突出物美价廉的产品独特优势，能比京东和天猫等便宜很多；合伙人也会做产品宣传编辑处理，成本更低。

从长远来看这种商业模式的发展趋势就会发现，它的智能化、延展化、规范化、区域化、大众化趋势也会越来越明显。

1. 独特的供应链

电商门槛是很低的，但是赚取利润是非常艰难的。

为了达成与供应商的合作，创始人表示，刚开始谈合作，供应商根本不搭理起步中的桔子路，更不想合作，但是经过反复讨论挖掘，桔子路终于发现了对方需要的东西，找到了说服供应商的重要理由：供应商每年在京东等平台上的营业额很高，但是利润很低，原因在于平台费用、抽成、竞争压力很大，如果排在网页的后面销量就会很低，竞价排名不占优势，同时广告费用很巨大，综合比较，不挣钱；而在桔子路不一样，供应商分成竟然不错。于是，与供应商开始尝试着进行合作。供应商不需要进行其他额外的操作，很省事，服务也很安心。

桔子路的创始人还举了京东的例子来说明自己的独特优势：从某种角度上看，京东是几乎不盈利的，但是它的现金流很顺畅、资金周转比较顺利。相比较而言，桔子路目前利润的来源除去现金流之外，还在做实体店，也在构思一个会员设计与非会员设计的盈利。

电商盈利的方式很多很多，关键看哪一种适合自己。对于刚刚起步的桔子路而言，最可行的方法就是做“减法”，列举需要做的事情，然后砍掉不必要的操作，从而最大限度上节省成本。

2. 新零售——线下布局

在逐渐发展过程之中，桔子路的合伙人发现，如果单一地只做线上的运营，宣传费用占用支出比例非常巨大。而为了削减成本，一旦停止宣传，进驻的商家必然会急剧减少。由此，桔子路研究出的发展趋势是更多地开设实体体验店，也就是新零售环境下的线下布局。

与此同时，为了进一步促进线下新零售的发展，桔子路还积极与学校和地方政府展开合作。在达成合作的角度上，诚意、勇气、坚持与决心、感动与善意都是团队成员必须具有的品质。而缜密的构思、主动寻找资源、耐心等待、不厌其烦地沟通则是重要的途径与方法。一步一个脚印摸着石头过河，个人与团队不断成长，也逐渐地战胜了迷茫。

从市场占有率上来分析，二三线城市与一线城市的差异非常大，根据脚踏实地的市场调研，邵鹏发现，二三线城市创业的企业数量比较少，市场空间大，因而这个项目的方向是正确的，其可行性很强，具有实现的可能。

3. 资金问题

创始人邵鹏是计算机行业出身，在58同城干过销售，桔子路的启动资金用的还是他自己攒下来的钱。桔子路在成长过程之中也获得过一些小额度资金的资助。在大资金融资方面，虽然有很多投资人想要投资，但是在股权问题上存在一些分歧，所以依然坚持稳中求进的发展战略。总体上看，桔子路还处于成长期，有投资机构以200万入局，希望获得桔子路20%的股权，邵鹏认为一开始就让出20%股权，今后融资会更加困难，于是拒绝，等待更好的融资机会。

4. 从SWOT分析看未来趋势

如图4-4所示，由于桔子路刚刚起步，所以其Weakness和Threats是显而易见的，在此不加赘述。其他方面，还涉及团队矛盾，这是创业团队不可避免会出现的问题。邵鹏是这样克服的——虽然存在理念等分歧，但至少团队成员目标一致，齐心协力，通过头脑风暴和换位思考，大家互相退一步海阔天空，最终实现共同成长，个人与团队双赢。

至于Strengths和Opportunities，主要体现在上面所说所的商业模式和市场战略，上面已经分析得很详细，在此还要提到的一点是——企业文化：首先，这是留住企业合伙人、有效吸纳老员工老顾客的重要因素。其次，这是一种情怀。最后，消费习惯一旦养成，很难更改。

另外，据创始人透露，团队正在研发制作app，软件已经初步成型，但是界面等方面还存在巨大的修改空间，内部已经可以下载测试。目前的想法就是先踏踏实实把市场做好，把校园做成一个大市场，然后逐步在积累之中实现app优化改进。

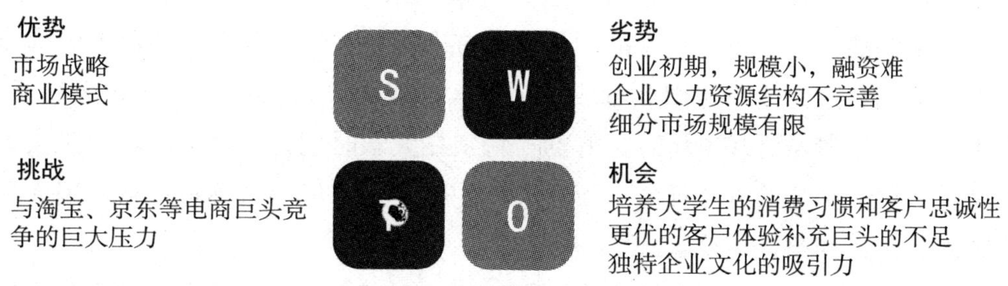

图4-4　桔子路的SWOT分析

5. 经验与分享：大学生创业的特别之处

兴致所在，邵鹏顺便提到了自己第一次创业失败的原因，主要有三点：(1) 身处二、三线城市，周围环境缺少分享创业技巧、知识的空间。(2) 当时太年轻，老想着标新立异，但是天马行空和异想天开往往预示着失败。比如校园共享图书的想法很新颖，但大学内已经有图书馆、打折书店，消费群体过窄，没有实现的可能性。(3) 不要把鸡蛋装在一个篮子里。创业初期经营往往不稳定，风险较高，一次投入过大的启动资金并不稳妥。比如校园洗衣服务在创业初期需要大量启动资金购买洗衣机和编程软件，初步阶段运营起来费力，这样投入风险较大。

除此之外，邵鹏也给我们大学生创业提供了一些切实可行的建议。在大学生人生选择方面，他鼓励我们要找到自己喜欢的事业，毕竟世界很大，我们一生能干好的事情不多；其次，学会从“小”开始，体验小小的幸福感，小小的成就感，小小的期待感，大起大落是人生，平平淡淡也是人生。如果确实有意于自己创业，那么请记住：(1) 不用太多“如果”。勇敢尝试，对错自然可以看到。(2) 不怕失败，坚持不懈。成功固然可贵，但失败也是人生的一笔巨大的财富。从创业过程之中收获的友谊、人生经验等都是最珍贵的回忆。(3) 积极乐观。承认矛盾、勇于揭露矛盾、分析矛盾、解决矛盾，才是创业者面对大大小小的矛盾应有的姿态。“矛盾是推动社会向前进的动力”，乐观热情面对每一个挑战和机会。(4) 创业和生活不可分开，要分配好工作和生活的比例方能享受人生真正的乐趣。总之，学生创业的成本很大，对于起步资金很少并且缺乏实践经验的学生来说，创业不能够天马行空，应实事求是，立足实际，才能够在市场竞争之中生存下去并逐渐发展。在创业的过程之中，不忘初心，拼搏奋斗，方能不负青春，实现梦想。

6. *尾声*

我们调研团队的组长在调研后与邵鹏进行了多次交流，对大学生活、对大学生群体、对创业，做了深化的、整体性的思考：

把一件事看得越严重，就越害怕它的失败，给你的压力就越大，计算就越多，于是就心虚胆战的，这是很正常的。为什么有人认为大学生创业是如此的弊大于利的一件事情呢？因为他们把创业看成一个极大的投入，认为创业与学业天然矛盾。其实不然。人生多经历些事情总是好的，特别在大学时期，多些历练，敢于去追求创业梦想，恰恰是与课堂互补的。而且大学生创业重在经历，不重成败，因而是利大于弊的。走过的路，都算数。

对于大学生创业者，我们要去肯定他，还是要否定他，我们要去鼓励他，还是打击他，我们要给他什么样的评价？可能有人会说只是一个人的时间是有限的，人在做事的时候会在时间上发生冲突的。可是，谁不是这样呢？每个人都兼具多重身份，我们是别人的儿女，我们可能是别人的父母，我们自己是学生，也可以是别人的老师，难道我就只能顾此失彼吗？一个人做了孝顺的儿女就不能做个尽职的丈夫吗？显然不是吧，人生选择很多的，人生的配置很多的。有了选项，人生才更丰富，这不是最简单的道理吗？没有必要逐条放大大学生创业的成败得失，因为失败的人永远比成功的人多太多了。可是失败的人不会什么都没有的，老年的回忆，年轻的梦想，都在他手上握着，这是失不掉的；学习的经历，挫折的感慨，也是丢不掉的。为什么一定要用那么功利的角度来衡量一切呢？

就像邵鹏说的：理性、勇敢。

无论在什么岗位，大家都是筚路蓝缕、栉风沐雨地开创着自己的事业，希望大家踏浪高歌、逐梦而行。

采写：田思博、石宁嘉、李浩徽　商学院2017级本科

修订：田思博、李婧璧、石宁嘉、李浩徽　商学院 2017 级本科
二次修订：占烁　商学院 2018 级 MIB 硕士研究生

二、快乐米兔：为孩子快乐学习而生

快乐米兔 steam 教育是由北京邮电大学 2015 级本科学生黄玉栋牵头创立的，并于 2017 年 8 月成立北京快乐米兔科技发展有限公司。快乐米兔是一家打造中国 STEAM 教育的新型公司，致力于搭建大学生服务中小学生普及 STEAM 教育的桥梁，主营线下教育培训和线上短视频新媒体，打造 3～12 岁孩子的机器人乐园（见图 4-5）。核心是软件、硬件、课程、师资四位一体，目前已形成 7 阶 5 大系列 STEAM 课程体系。自公司创立以来全北京已有两家直营校区、四家合作机构，与中关村一小以及优客工场、金融街商会、天恒地产、青少年出版社等众多品牌渠道合作，拥有客户数据库 500＋，平台短视频 32 个。

图 4-5　快乐米兔授课现场

（一）序言

近年来，互联网、人工智能技术发展十分迅猛，教育也开始与技术交融，诞生了一种新的教学方式——STEAM 教育。STEAM 代表科学（Science），技术（Technology），工程（Engineering），艺术（Art），数学（Mathematics），STEAM 教育就是集科学、技术、工程、艺术、数学于一体的综合教育，黄玉栋的专业是通

信工程，身边也有很多计算机专业的伙伴，这正好符合 STEAM 的五项要素。在接触了更多投资人和这方面的信息后，黄玉栋开始创立自己的 STEAM 教育——快乐米兔，并且在融资后，于 2017 年 8 月份成立了快乐米兔科技发展有限公司。

（二）初创时期

黄玉栋初入大学时，加入了本校的辩论队，在大一一整年的时间里，参加或大或小的辩论赛的经历，充分培养了黄玉栋的沟通交流能力，也培养了他敢于突破、善于思辨的思维方式。这种突破与思辨的思维，也帮助了黄玉栋真正迈出了走向创业的第一步。

> “打辩论的经历使我更愿意与他人进行沟通交流。也让我更善于与他人进行沟通交流。”

乐于并且善于交流是一个创业者尤其是一个教育平台的创业者必不可少的品质，这一种个性与品质，或许是“快乐米兔”能够真正开始的源泉之一。

在大二，黄玉栋加入“北邮创业联盟”，并担任主席，期间多次参加创模，进行企业参观，参与互联网沙龙讲座以及校友访谈活动，在这些活动中负责组织、对接和承办工作，使黄玉栋接触到了较多的创业项目以及资源，也就是那个时候他初步产生了创业想法。但正式开始却是在 2017 年的暑假，黄玉栋接触到了现在的公司投资人。后来与初创公司合作，在优客工场孵化器进行了简单的宣传，自己办了一次夏令营，赚到了自己在这个行业的第一桶金。

同时，在这一期间，通过与投资人和客户的接触，黄玉栋发现了大学生创业在 STEAM 教育行业的机会，大学生相较于其他机构更容易获得客户主体也就是家长方的信任，并且更擅长于同自己的学生进行沟通交流。

（三）团队建设

形成较为完善的创业想法后，黄玉栋开始进行团建，招募有才华有能力的 partner。在招募合伙人方面，黄玉栋也有他个人较为独到的见解。

> “创业，特别是早期创业，千万不要全部找身边的熟人，这样的人会和你有很多的关系和交情。在真正的创业过程中，往往需要严格的分工与执行，私情过多的团队往往会造成效率低下。”

体己的 backup 其实只需要一个，这样，在团队中，你作为领导者，要做一个决定，就算十个人里有九个人反对，还是会有那么一个人支持你。严格的执行与分工往往更有利于团队的壮大发展。而绝佳的工作效率往往也在这种情况下产生。

作为大学生，在创业初期，黄玉栋的团队主要成员都是学生，在培训方面，早期是比较粗犷的，没有完善稳定的体系，团队成员在哪一方面有缺欠，黄玉栋就亲自培训。在创业想法趋于成熟，团队建设趋于完善的情况下，黄玉栋及其团队收到了投资人注入的第一笔启动资金，创业的故事就此正式拉开了帷幕。

目前，快乐米兔公司已经招聘了一些全职员工，黄玉栋对于之后公开招聘的员工就要求既懂技术，又懂教育。在培训上，已经建立起了“快乐米兔教师技能列表”，在APP“钉钉”上组建出自己的组织架构，对于员工上班和老师教学方面都设置了完善的流程。

公司所有的架构都不是一开始就可以考虑得很清楚的，部门的设置也是随着公司发展的需要而完善的。黄玉栋在这一方面十分灵活务实。

> “公司是什么类型的公司，每天有什么样的业务，然后根据这些来制定规则。很多规则、方法都是根据自己的需求去做的，没有固定的标准，需要什么就做什么。”

在团队文化方面，整个创业团队具备“年轻化”“有活力”等特点，团队氛围轻松活泼，颇具当代年轻人活力无限的特色。比如基本是由年轻女性组成的运营部，成员都给自己起了外号，部门文化就是“精致文明”。而黄玉栋自己带领的课程部，以男性居多，他们给自己的部门文化的定义是“会撩能干”。散发自己的魅力，“撩”上下游和客户，同时能干各项事务。

对于团队的未来，黄玉栋十分乐观，表示团队已经有了一定的凝聚力和向心力，存在毕业后继续创业的可能，而对于这些一直跟随着自己的伙伴，他也一定会努力提高待遇和工作保障，实现大学生创业团队的转型。

(四) 商业模式

一个公司的建立需要有清楚的思路构想，黄玉栋也写了很多商业计划书，和团队一起思考讨论公司的组织架构、日程安排、未来规划，等等。最后将公司主要分成了三个部分，上游是几家产品公司，下游是合作校区，中间就是公司团队，包括销售部、运营部、技术部、课程部，等等（见图4-6)。他们每天会一起画思维导图、分工、定下任务，每个月要完成哪些事情，比如销售部就要到下游去，找校区商谈合作；课程部就要设计教学方案，创新教学内容，培训师资；技术部要对机器人教具进行程序设定，等等。设计的是这样，但公司真正成立以后，发展的状况确实是与构想有些偏差的，早期也遇到了不少问题。

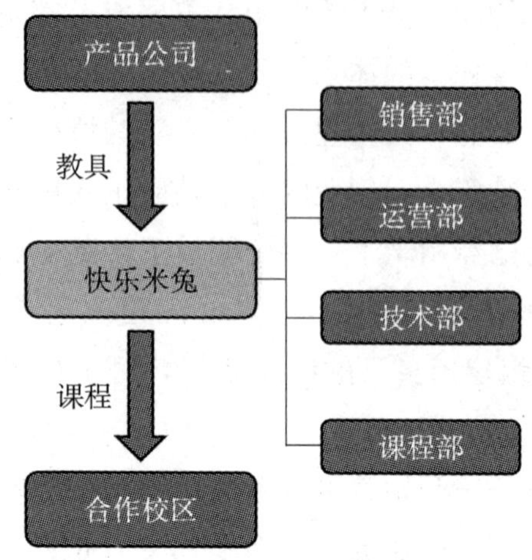

图 4－6　快乐米兔商业模式图

教育最需要的是稳定的生源。公司成立之初，因为没有任何的知名度、资金来源，黄玉栋他们只能以印传单发传单的方式招生宣传，这样做不仅成本低而且简单高效，比如在优客工场内放置海报卡片宣传，就招来了第一个客户。后期有了启动资金和渠道之后，就不太需要很多宣传了，大多数合作都是通过走渠道、联系机构、上试听课达成的。合作的机构、校区有现成的生源、场地、设备，自己只需要到校区上试听课，保证课程时数。达成协议后就与校方直接建立合作关系，之后就只需要做师资培训和课程输出了。

公司的现期课程模式已经成体系，主要在线下上课，因为无论是在课程方面还是资金方面，线下的模式都比较成熟稳定，而且有实物教学，师生间可以直接交流，方便高效。而由于线上机器人技术难度较大，黄玉栋和团队初步建了几个模型，但还未完全做出产品，实现线上教学的可能性不大，并且线上产品投资高，风险大，不一定能做得有多成功，所以现在大部分依然是线下产品课程。

他们的主要授课对象是 3 到 12 岁的孩子，孩子年龄小，对事物充满着好奇心，动手的积极性高，课堂效果就会很好。上课使用教案、课件，以及机器人教具，在原有的课程环节之外会增加设计环节，启发学生想创新的点，比如在一个机器人身上装一盏灯，它就有了照明功能；给机器人装上轮子，他就可以跑很快，等等。还有情境故事教学方式，游戏互动环节，课堂总结环节，最后会强调本课程的知识点，让孩子有重点地学到知识。家长看到孩子们学得开心并且有效，反馈评价也是很高的。

听取各方的建议对于公司的进步是非常重要的，黄玉栋建立了几个微信群，专门用来和上游产品公司、投资人、家长进行交流沟通，在微信群里经常会收到他们的反馈。和家长沟通的主要内容是向家长汇报孩子们的上课情况以及教学成果，同时收到家长们的意见和建议。比如在母亲节的时候会教孩子做小视频，或者机器人等，来表达对母亲的爱；寒假时候做线上活动，也得到了家长们很高的评价。对于上游提供教具产品的公司，黄玉栋会在实际教学过程当中发现需要改进的问题，并向上游公司提出建议，生产公司再对教具进行改进。

公司也有轻微的奖罚规定，比如对迟到的人，每迟到一分钟，罚一元钱的红包；奖励有很多方式，比如在课程内部考核中，评比分数高的人可以自己选一件商品加到购物车里面，由公司购买奖励；每个月还会用团队经费做一些休闲娱乐活动，放松一下。整个制度具备年轻人的特色，轻松和谐愉快。

黄玉栋说，公司的起步还是很艰难的。在半年以前，集成教育学生缺课率高达30%，很多孩子只是因为课程新鲜，但是学习一两年就不学了，原因在于课程体系不够成熟，此类教育不够普及，学生容易失去兴趣。2018 年，STEAM 教育行业喷发、十分火爆，以 STEAM 教育理念为指导，初创公司一下子多了几千家，因为 STEAM 是一种理念，这个理念下面涵盖了很多方面。科学与教育、艺术与教育……都可以说是 STEAM 教育。STEAM 教育普及以后，快乐米兔公司才有如此发展。

目前公司的净利润是负的，因为早期购买机器人设备及教具花费的资金多，人员工资投入很大。幸好现金流较好，尚能够正常运营，公司也才创立不久，之后盈利是肯定没问题的，黄玉栋也很有信心。

面对庞大的教育市场，黄玉栋说，公司还小，仍然存在很多问题，尤其在北京这个城市，事事日新月异，生存很难。公司的很多问题其实是人的问题，核心团队人员流失，兼职教师跳槽，团队运营管理不当，组织纪律不严格，上下游合作方条件严格，等等，这些问题要一一应对解决，公司还要走很长的路。

（五）未来展望

黄玉栋对于公司的未来，有着一些规划和预想。

在公司盈利方式上，教育行业依旧是招生为主要收入来源，利用现有渠道生源输出课程，与学校合作，开展直营店和品牌加盟店以扩大影响力。而利润的大部分会分配给老师，这是因为 80%事情是老师在做。

为了公司进一步的发展，黄玉栋已经着手进行下一轮融资，预计融资额为 500 万，预留 10%。而融资之后就会调整股权分配，有利润期权池给员工，股权主要分给核心团队。

而对于公司未来的发展，黄玉栋坚持着他的初心。

“快乐米兔，为 steam 浪潮而生。快乐米兔，创造快乐。

“致力于通过人工智能技术实现 steam 个性化教学，让每一个孩子的想法得到倾听，让每一个孩子的成长得到关注，让每一个孩子的梦想得到实现（见图 4-7)。

“STEAM 教育：science，technology，engineering，arts，math.”

图 4-7　孩子们进行成果展示

采写：任立峥、杨逸凡　财政金融学院 2017 级本科财税班

修订：任立峥、杨逸凡、李莹　财政金融学院 2017 级本科财税班

二次修订：占烁　商学院 2018 级 MIB 硕士研究生

三、黔承世锦——让民俗文化融入生活

（一）简介

黔承世锦是一家开发民俗文化创意产品的公司。“黔”字表明这家公司坐落于山清水秀的黔东南苗族侗族自治州。“承”“世”表现其继承了传统工艺的内在价值。“锦”寓意着像刺绣一样的传统工艺品与传统技术。同时，黔承世锦谐音“前程似锦”，寓意这家公司未来无限的发展前景。它将苗族特有的传统蜡染、刺绣、银饰工艺与现代时尚元素相对接，创造出兼具美学价值与实用价值的工艺品。更通过其年轻的视角、独特的创意制造出契合年轻人需求的产品。其产品不仅在许多比赛中

拔得头筹，而且广受年轻人喜爱，远销海内外。

（二）创业初期——万事开头难

创业的想法萌生于四位成员毕业前夕的规划。其他同学毕业后都有对未来清晰的规划，找一份稳定的工作，进入体制内或是进入企业。而黔承世锦的四位初创成员却一度对未来有所茫然。碰巧在此时，黔东南民族职业技术学校召开了创业大赛，抱着试试看的心情，他们组建了一支团队参赛。由于他们之前的实习过程中已经学到了一些传统的制作工艺，爱好制作精美的工艺品，并且学院所在地凯里是旅游胜地，有着与传统工艺联系密切的文化背景，所以他们以旅游纪念品为出发点，发起了一个设计制作传统工艺品的项目，并在学校的大赛中拿到了第一名。

几个人获得了鼓励，经过思考，他们发现：近些年来，随着市场经济的发展，人们日益追求个性化，中国民族风情服饰、民族特色食品及其衍生产品逐渐走向国际时尚圈，成为新的时尚热点。由于国家政策对民族产业有一定的扶持，各地民俗特色产品层出不穷。而贵州是个多民族省份，尤其是黔东南是多民族聚居区，拥有很多不同民族特色的文化，相互碰撞，折射出各族人民独特的审美观和与众不同的地域民族文化。

2016 年毕业后，黔承世锦创始团队不想放弃这个项目，想要继续做下去。黔承世锦刚开始只是想做一个小的工作室，但是为了拿到正规的证件，合法地销售商品、融资，就成立了“黔承世锦”公司。初期团队利用自筹 6 万元加上学校资助的 0.7 万元开始了创业。

与此同时，在双创的大背景下，学校成立“黔粹传人”众创空间。一方面，学校配备了创业指导教师对创业者进行指导；另一方面，学校免费提供 200 平方米工作室、12 平方米卖场，这也为初创团队省下了一大笔钱。同时，黔东南职业技术学院有人才众多的优势，有一大批精通技术的人才，作为学院毕业生创业雇用尚在学习阶段的学生，劳动力成本也较低。

尽管如此，创业初期团队还是面临着很大的困难，学校只是单纯提供场地，所有的办公用具和设备都需要自己购置。一共只有 6.7 万元的他们，工作设备都只能购置市场上最便宜的一种。职业技术学院比较偏重实务教学，创始团队不了解关于商业的理论知识，甚至连商业策划书都不会写，在将创业项目化为实践的过程中屡次碰壁。并且同行业其他公司对相关技术并不共享，技术上的进入壁垒较大，因此创始团队只能自己一次又一次地尝试，一点一滴地摸索，才将完整的一套技术摸索出来。初创时，团队人数还比较多，但是最后能够坚持下来的就只有四人。

（三）团队

公司团队是一个放射结构。由最内部的核心成员发散开来，外围有民间艺人，专业匠人，兼职学生（见图4－8）。满足了该公司从研发设计到生产产品所需要的人力资源。

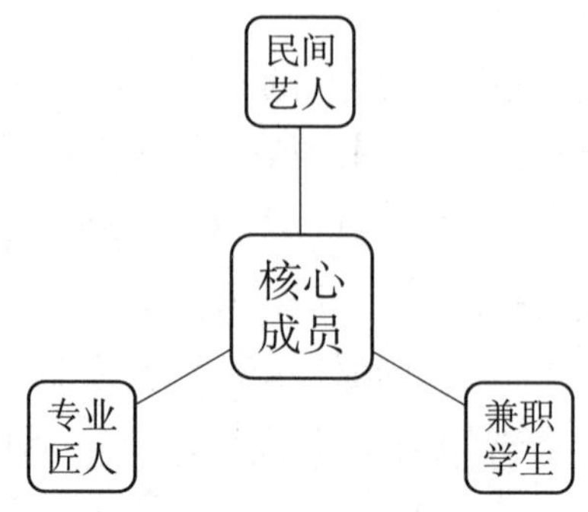

图4－8　黔承世锦创作团队

公司的核心成员有四名，有着不同的分工，包括工艺制作师杨从森、产品设计师石庆兰、营销负责人唐启凤、财务负责人韦绍媛。四个人都是黔东南职业技术学校2016届旅游工艺品设计与制作专业毕业，都为大专学历，没有商科背景，分别持有公司25%的股份。这个创业团队里面有着三名女性，唐启凤，活泼开朗；石庆兰，思路清晰，想法独特；韦绍媛，做事细心严谨。加上管理组织能力较强的杨从森，四人性格与能力的互补性强，共同组成了这支高执行力的团队。作为初创团队，在招人方面他们也有着自己独特的见解，首要条件是“先学会做人再会做事”，通过考察期之后，团队会重点培养新加入员工的技能技术。

2015年以来，黔东南职业技术学院经常举办国家非物质文化遗产传承人培训班，总体培训了1 200多位绣娘、画蜡师、银匠，这些专业的匠人也成为公司产品加工的人力资源。

除此之外，公司还会请民间艺人来设计、制作工艺品，尤其是聘请那些传承了苗族传统刺绣技艺的绣娘以及有丰富蜡染技艺的高人。当需要赶订单的时候，也将简单的工序外包给黔东南职业技术学院相关专业做兼职的同学。

（四）商业模式

1. 核心产品

公司的工艺品制作主要包括蜡染、刺绣与银饰三个部门。

其中，蜡染包括织布、画蜡、染布、脱蜡四个步骤。蜡染所用的布料，一般为棉、麻、真丝、纯毛等织物，过去都是自纺自织的，现在大都是机织布料，纺织越精细染制的效果越好。画蜡是蜡染最重要的工序，也是体现艺术创作能力最关键的一步。把白布平贴木板或桌面上，把蜂蜡和石蜡按比例混合放在蜡锅熔化，便可用铜刀蘸蜡作画。把画好的蜡片放在蓝靛染缸里浸泡，一般浸泡时间为半小时再拿出来氧化半小时，染色达到想要的深度即可。染好色的蜡片晒干冲洗，然后用清水煮，高温煮去蜡质，经漂洗后，布上就会显现出白蓝分明的花纹来。

公司蜡染技术在黔东南居于榜首，每年都有别人来参访学习。利用蜡染技术可以制作蜡染抱枕、围巾、t 恤、包包、床上用品等产品（见图 4－9）。

图 4－9　黔承世锦公司产品展示

刺绣方面，公司的代表作品是《龙凤呈祥》（外框尺寸长 2.95 米×1.83 米）（见图 4－10），现陈列在贵州科技馆，由 50 多名同学花了一个多星期绣成的，如果换成一个人绣的话要用一年多的时间才能绣出。作品中的绣法有八种：平绣、绉绣、插针绣，打籽秀、辫绣、锁边绣、马尾绣、破线绣，这些绣法都是民族绣法中的精华。

图 4－10　刺绣作品《龙凤呈祥》

银饰（见图 4－11、图 4－12）的制作同样包括四个步骤，依次是熔银、锻打、雕花、焊洗。原料银通常都是大块的，首先将大块银料砸碎放入坩埚，置于炉上熔化。趁热开始锻打成所需形状，此步骤需多次反复进行，因为一次并不能打成所需要的形状。雕花工序包括了锤錾、錾刻、镌镂、花丝编结等工艺，是整个工序中最关键的步骤。需要焊接的银饰，在接口处蘸上焊药，用焊枪熔解焊接。经反复的锤打和烧烤，银饰表面会沾上杂质，用高温火将银饰烧红投入酸液中，取出放入清水用铜刷刷洗，即可洁白光亮。

图 4－11　黔承世锦公司银饰作品一

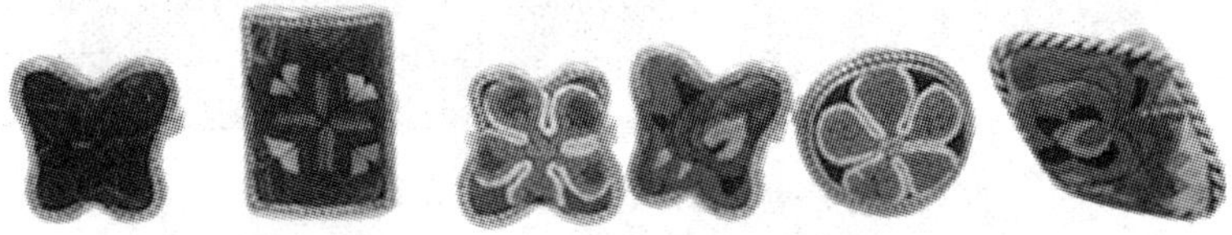

图 4－12　黔承世锦公司银饰作品二

2. 客户群体

黔承世锦将消费人群锁定为时尚青年、白领、民俗爱好者、游客等，其中以女性顾客为主。大致来说，可以分为三类，一是实惠型客户，大部分是学生群体，追求个性、时尚、价格实惠，希望花最少的钱买到最心爱的产品；二是经济型客户，这一人群收入较高，追求文化品位及审美，高端产品自用体现自身价值，送礼促进关系融洽；三是品质型客户，这类群体做私人定制高端产品，以满足更高的文化审美需求。

3. 产品的推广与销售

如图4-13所示，在产品营销方面，公司综合运用线上与线下两种推广与销售模式。线上，首先是论坛推广，通过天涯、百度贴吧等相关手工艺品论坛版块进行发帖宣传；其次是通过微信、微博等自媒体讲述品牌故事，宣传传统工艺达到推广的目的；再次是定时发布新品，在微信朋友圈等社群进行各类活动和发布折扣优惠信息，吸引朋友以及回头客；最后是在淘宝站内推广，根据淘宝店铺运营方案，进行站内各种免费的活动推广，直播间、买家秀、店铺折扣、包邮、抢购等活动进行引流、促销。线上的推广模式涵盖了互联网各种新颖的推广方式，增加了产品曝光度。属于新一类"讲了故事、表了情怀、卖了产品"销售模式，能够吸引有相关喜好与需求的顾客。

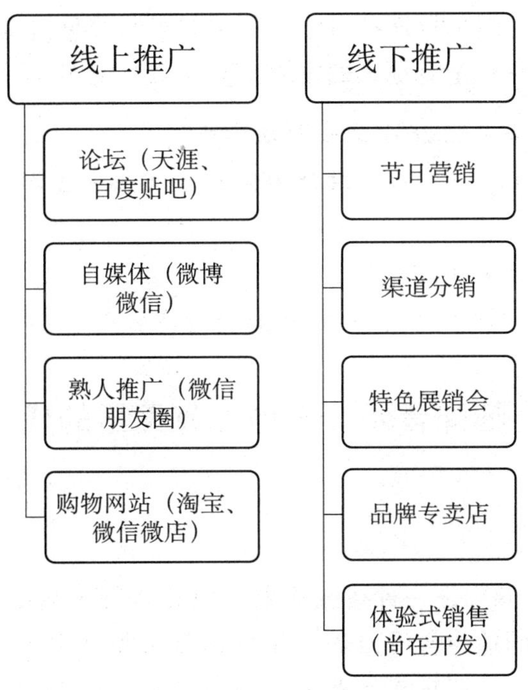

图4-13　黔承世锦公司产品营销模式

线下主要包括节日营销、渠道分销、展销会和专卖店四种方式。其中，节日营销是紧跟民俗节日，在大型活动中通过赞助、展示等方式提高品牌知名度；渠道分销主要的营销策略之一就是利用游客让品牌走出黔东南。他们与当地民宿酒店、民宿工艺品店等合作，通过他们分销提高品牌知名度和销量；展销会是参与当地的各类民族工艺品、服饰展销会、民族艺术展等各种能提高产品知名度的活动；最后的品牌专卖店是展示特色精品，提高产品销量，扩大知名度的窗口。未来，公司还将开旅游景点体验式销售，在旅游景点通过让顾客自己感受传统的蜡染、银饰等民俗艺术，体验式销售还处于孵化探索阶段。

（五）未来规划——风物长宜放眼量

对于公司的未来规划，创始人认为首先应该扩大团队规模，多招揽专业人才，把小作坊变成有成熟企业运营模式的公司。其次是接受融资，增加企业的资金来源。最后是要利用好资金，把钱投在产品开发、团队扩建以及品牌推广上。

也许在投资人看来“黔承世锦”还不是一个成熟的项目，小小的它的确有着诸如规模小、知名度小等不足，其创始人也没有很高的学历背景与充足资金做支撑。但有道是“莫为浮云遮望眼，风物长宜放眼量”。在创业这条道路上，学历、资金等因素都只是若干影响因素中的一部分。公司创始团队有着“既低头拉车也抬头看路”的优秀品质，加上黔承世锦项目中所传承的美轮美奂传统技艺的闪光点，我们有理由相信，未来的它一定有更大的发展空间，也一定能走得更远。

采写： 向雨心　法学院2017级本科法学班
阿依尼尕尔·吐尔孙　财金学院2017级本科金融学

修订： 向雨心
阿依尼尕尔·吐尔孙

二次修订： 占烁　商学院2018级MIB硕士研究生

四、趣弹音乐——做尤克里里的代言人

（一）序言

尤克里里（Ukulele）是一种拨弦乐器，因其盛行于夏威夷，又被称为夏威夷小吉他。广西帅圳兴的趣弹音乐团队，自2013年开始从事尤克里里在中国的推广，包括授课、线上视频、乐器售卖等业务。据说在夏威夷语中，Ukulele意味着“到来的礼物”，趣弹音乐也是他们给自己的音乐梦想的一份礼物。

（二）创业经历

2012年帅圳兴在广西师范大学读音乐学专业。大一时期，一个大三的学长做

了一个品牌“广州大学城”，经学长介绍，帅圳兴初次接触到了尤克里里，从此开始深深沉迷于这种四弦乐器。他拉拢周围十几个感兴趣的同学组成了一个简单的乐队，用来赚零花钱。乐队曾在学校里进行表演，收到了不错的反响，并且受到学校领导青睐，成立了中国最早的尤克里里校园社团。渐渐地，他们在周边四个大学校区中建设了分社团，拥有 700 多个会员。

大二时期，帅圳兴团队认为尤克里里在中国具有十分开阔的前景，他们在广州投入了四五万资金建立工厂，生产销售乐器，进行品牌推广。但是由于缺乏供应链、产品线、质量控制等方面的知识，第一批尤克里里琴销量并不理想。

大三，帅圳兴团队观察到尤克里里在校园之外也很受欢迎，于是他们在学校后面租了个旧房子，自己进行装修，经过一段时间的经营，发现市场反响不错。与此同时，第一个尤克里里中国论坛——尤克里里中国网在广州举行，帅圳兴特地赶去参加。通过这个论坛，他认识了许多人，其中不乏一些尤克里里界的大咖。在这之后，帅圳兴团队决定将这一创业项目继续下去，在桂林租了写字楼，并陆续开设了两家门店，累计拥有了 1 000 多名学员。

2017 年毕业后，互联网＋的浪潮早已席卷全国，但桂林的互联网风气和基础设施仍然不强。帅圳兴团队深刻感受到“互联网＋”对于团队创业的重要性，决定开始从原来的线下门店向线上转移，他们建立了趣弹音乐的尤克里里小站，制作尤克里里教学视频，并上传到网上，收获了不错的反响。但与此同时，趣弹音乐的淘宝店铺“趣弹乐器”由于没有专人经营，效果并不太明显，因此在下半年他们加强了对淘宝店铺的经营管理。在接下来的双十一购物节里，“趣弹乐器”在 15 分钟里完成了 15 万的成交总额。2018 年，帅圳兴卖掉了线下的一家实体店，而另一家作为旗舰店的形式继续存在。在线下，帅圳兴团队以教学培训为主，以售琴为辅，目前的在读学员有两百多人，已累计培训学生一千多人。

最近，上海腾讯众创对趣弹音乐进行了投资，帅圳兴团队制作了首档关于尤克里里的原创综艺竞技节目，并通过微信平台进行传播。总体而言，趣弹音乐仍处于初创期，目前的资金能够仅能够维持运营。

（三）商业模式

趣弹音乐采取 B2C 的模式，目前业务活动总结来说就是“线下授课＋线上网络教学与卖货”。线下授课方面，目前是以桂林的旗舰店为主。线上，如图 4－14 所示，包括三个部分，分别是淘宝店铺“趣弹乐器”、微信商城“趣弹好物”和尤克里里小站，前两者用于出售乐器，尤克里里小站则用于上传一些网络教学教程、曲谱和视频。从淘宝店铺来看，目前经营已经走上正轨，现有粉丝两万多人，经营着不同品牌的尤克里里琴，价格从两三百元到几千元不等；此外，还包括尤克里里配件、抱枕文化衫等周边产品和吉他、箱鼓等乐器，经营体系比较完善。在淘宝店铺上，他们收获了许多粉丝，可以对其进行线上的音乐培训，把这些客户留住。

图 4-14 “趣弹音乐”线上结构、内容

自 2008 年以来，尤克里里开始了在中国的第二次大发展，其最先在台湾与香港着陆。如今，广州、北京、上海分别是趣弹音乐团队乐器的前三大订购地。虽然尤克里里的教材已遍布几乎所有书店，淘宝、京东等电商平台上售卖尤克里里乐器的网店数量也在逐渐增加，但是帅圳兴团队依然有着尤克里里并不是十分普及的判断，认为其拥有着十分巨大的发展空间，并且在与趣弹音乐团队经营模式相似的机构中，并没有具有绝对统治力的机构，这部分的市场是没有被完全开拓的，潜在的客户依旧有很多。

趣弹音乐尤克里里售卖以及教学的主要客户为高中和大学学生，由于尤克里里本身的售价并不贵（在趣弹音乐淘宝店铺趣弹乐器中的售价大体为 300～500 元，这在一般淘宝尤克里里店铺中属于较高档的），是几乎所有高中和大学学生都能够承受的，因而其拥有着十分广阔的市场。

(四) 团队建设与成长

目前公司主体是广西趣弹教育科技有限公司，创始人帅圳兴是公司法人代表、执行董事，彭宇是监事。初创团队有十几人，目前还有四人仍在项目中，当前主要成员有二十余位。公司划分为三个方向的事业部：电商、内容以及视频。

电商部门负责经营淘宝店铺和微信商城，包括运营维护、商品上架等；内容部门负责官方微博、微信、搜狐、网易等平台的日常内容的撰写和运营，以及微信公众号内容策划撰写、图文美化排版编辑、内容发布推广等相关工作；视频部门负责网络教学视频的制作和发布。目前公司最欠缺的是内容方面的人才，团队在新媒体运营方面经验有所欠缺。

创始人帅圳兴认为创业过程中最重要的是团队、合伙人，团队之间的默契程度、理解程度和配合要好，一旦有矛盾就很难走下去。

（五）未来展望、政策帮助与支持

目前，尤克里里仍不被许多人所知，并且大多数人都觉得音乐门槛很高，帅圳兴团队希望让音乐成为人们的生活方式，尤克里里作为一种入门简单的乐器便是最好的切入口。趣弹音乐团队相信尤克里里项目一定会发展起来，团队目前最需要做的就是坚持。在变化极快的环境之下，需要创业团队有不断学习的精神，不断创新突破，才能顺应时代变化。单纯的教学视频推进得很慢，这源于人们的认知很难被打开，大多数人对于尤克里里的认知来源于电视综艺明星，而那些明星只是抱着玩一下而已，并没有很深入的了解，因而，帅圳兴团队希望能持续稳定地推出有内容的点，以逐渐打开人们认知，使人们更加容易接受乐器，更加关注尤克里里。

“展望的话，其实就是愿景啦，我们非常相信尤克里里具备成为大众乐器的潜质，所以我们希望能够让趣弹成为一种生活方式，让人人都可以轻松地学会一门乐器。”

——帅圳兴

（六）对大学生创业的看法

最后，帅圳兴谈到对大学生创业的看法，认为：“大学生走（坚持）下来的还真少，被吹捧的很多，活下来的很少，这条路还没有所想象中的那样好走，通过媒体报道的很多是光鲜的一面，但实际上背后的一面很少能够感受到，本身我个人觉得，我们只是可能在某些程度上夹杂着一些运气，但其实一路走下来，很多事情未必是大学生所能够承受得了的，遇到的问题很多，进入社会中的要素很多。在高中、大学所接触的社会层面相对较少，真正出来以后社会方面的事真的太多太多了，不是一个大学生在本身的范围内所能应付得了的，就包括最基本的应酬，应酬的很多细节方面，稍有一些不适，就会影响很大。当时很多交际场合基本上喝完上半场就是下半场，然后还有下下半场，就从头喝到尾，基本上都是别人把我拖回来。这其实都是些很小的事，但没接触过的就很难应付得了，所以相对来说还是很难的。做事要看能不能坚持，但坚持还是要看是不是对的，因为本身我们的能力和水平并不是很高。所以我建议，创业是好的，可以去试。如果找到一个很好的点，坚持是对的；但如果是半犹豫半坚持状态的话，就千万先不要去做。建议先去找一家不错的公司，或者相似的公司一起去做，然后去增长经验、磨炼一下自己，这样会少走很多弯路。我们运气好是因为我们开始得比较早，很多的坎在大学期间就遇到了，走过去了，因为那时也不用考虑生活费，大不了还可以退回来。所以还是要谨慎。”

采写： 代安澜　社会学院2017级社会学
皆川周司　商学院2017级工商管理
张桀晗　新闻学院2017级新闻传播
修订： 占烁　商学院2018级MIB硕士研究生

五、雨滴教育：做最用心的儿童英语教育

济南市雨滴教育科技有限公司由山东大学管理学研究生李洪坤于2016年建立，迄今已有1 200人之多的学生资源，年营业额逾千万。主要面向小学、初中学生，兼做企业英语培训指导。另外，该公司坚持举办了一百多场公益性质的英语角活动。

（一）序言

山东大学凤歧茶社，每每到了周六的下午，总是会有那么一群人，怀着对英语学习的热情，坐在一起交流。凤歧茶社是山东大学为了支持大学生创新创业而提供给学生的场地，李洪坤的办公室也坐落在这里。

两年前，李洪坤拉起了一群志同道合的伙伴在这儿成立了雨滴教育有限公司，到现在，公司已经有了上千万的营业额，公司的办公室也在准备搬离学校，开始向外发展。今年员工已经达到500人。

“你当温柔，却有力量。”

这样一句饱含鸡汤的语句，却完美地诠释了李洪坤的创业生涯。她精干、漂亮，常常穿梭在济南的大街小巷，在车水马龙之中寻找下一个机会，车辆扬起的尘土，丝毫掩盖不住她眼中闪烁的神采，那也是她对创业矢志不渝的热爱。

(二)"她创业"——高考后的女创业者

创始人李洪坤是山东大学法学院 2014 级研究生，后在管理学院取得 MBA 学位。

高考完之后，大家都忙着完成自己高中时没有实现的愿望，大多选择去旅游、学车，但是李洪坤却抓住这个时间的空隙，开始了自己人生中第一次尝试性的创业。作为一个刚经历高考的考生，她对山东省的教育有着很深刻的了解，再加上当时英语成绩的突出，她果断拉起几个志同道合的朋友办起了暑期补习班。仅仅两个月，她就赚足了大学四年的花销。

从高中毕业开始，我就感觉我自己是一个兼职学生，全职创业者。

——李洪坤

就是从这个时候开始，李洪坤才发现了自己对创业的热爱。为提高团队学历的竞争力，她在大二时开始"招兵买马"，在长清、仲宫、商河和济阳四地招收了上千名学生，在当地形成了不小的影响。为了扩大市场，她不知疲倦地在市场上奔波。她曾笑言到：我磨炼到可以上一秒在工作，下一秒就进入到学习状态。正是这样一段时间的磨砺，她真正认识到了工作的不易，相较于学习来说，工作实在是难上太多了，而创业就更加的艰难。

创业，是一种态度，一种彰显个性与独立的态度，对于女性创业者尤其如此。李洪坤在创业过程中，所付出的努力，承担的责任，已经超过了传统意义上她这个年纪的女性在职场上的表现。对于千千万万的女性创业者而言，她们一般都接受了良好教育，拥有非同一般的阅历和拼搏精神，正处于二十多岁的黄金时代，不愿局限于朝九晚五的上班生活，为实现自我价值，而勇于追求自己的梦想，将创业当作事业。

根据 GirlUp 在 2017 年发布的一份报告，女性创业者年龄多在 21～30 岁，且大多是李洪坤一样的多次创业者，中国女性创业者的平均创业次数为 1.7 次，高于美国的 1.5 次。创业领域集中在电商、消费、文娱、媒体等服务行业。

(三) 接踵而至的困难

当问到创业过程中遇见的困难时，李洪坤思考了很久，说道，其实她的性格和其他人不一样，在她的印象中，当真正身处其中的时候，她并没有感到困难，只是回头再看时，才会去感叹自己原来可以熬过这么多的困难。

但是在李洪坤创业过程中，也确实有过几次危机。第一次是大二时与自己的伙伴分道扬镳。说到这里时，李洪坤很坦然地说出了其中原委，一个人想要赚快钱，而她却想要更进一步地提升课程品质。再加上合伙人之间肯定会面对谁付出多少的问题，李洪坤再次变成了一个人。第二次就是企业的瓶颈的到来，按照李洪坤的话来说，就是客户的流失。因为大家来到她这儿学习，都是为了学习的进步，但是很多人发现自己的进步根本不明显，慢慢地，客户流失更加严重，李洪坤不得不从公司的教育方式上去思考，最后决定改变传统的教育方式，第一次创办了英语角活动。也正是这次的改变，使得雨滴教育真正地做“活”了。

(四) 机会

山东大学是一个与国外交流频繁的大学，这也就注定了学校有着各种优质的外教资源，正是借着山大的东风，雨滴教育有了学校提供的场地，有了优质的教师资源。基本上所有的教育有关的条件都齐全了。

在竞争中如何去脱颖而出，这应该是每一个创业者都会去思考的问题，李洪坤也不例外。于是才有了英语角。正是这个带有公益性质的活动，给刚刚走进创业殿堂的雨滴教育打开了一扇新的大门。在这里，李洪坤也找到了雨滴教育的发展核心“儿童教育”。

李洪坤重视机会，她总是给人一种自信的感觉，就像是有一种与生俱来的领导力。当重汽集团找到她时，她毫不犹豫地就接下来这桩生意，当时的雨滴教育，在企业培训这一块无疑是一片空白。没有资源也没有余力。

没有资源可以再找，没有时间可以找人来做。但是机会没有了却无法挽回了，所以这种可遇不可求的良机要先拿到再说。

——李洪坤

就这样，雨滴教育成功地将触手伸到了企业培训这一块，并且和500强企业建立和合作关系，这在创业初期的企业中是很罕见的。并且在之后的浪潮、中建八局、济南国际机场的培训中表现突出。

(五) 当之无愧的成功

雨滴教育目前有三大课程业务板块，包括：山大研学、少儿英语和外教(见图4-15)。

山大研学是类似于游学夏令营的运营模式，带领学子在山东大学的游览活动中坚定理想目标；少儿英语采取纯外教精品小班模式，通过情景对话、游戏歌曲等方式，让少儿快乐学习英语；外教板块是主打线下教学和线上一对一外教相结合的模式，也包括公益英语角。

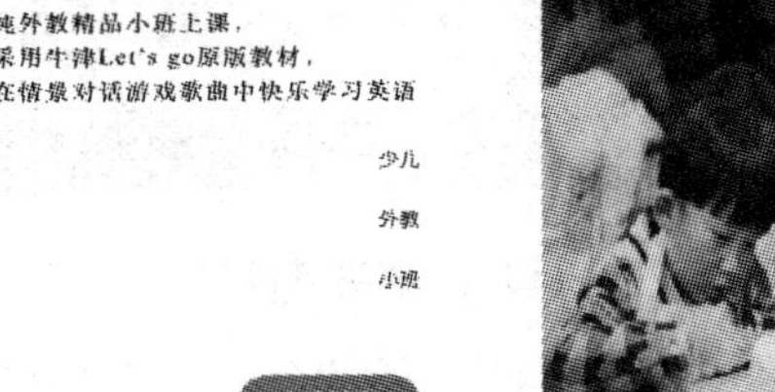

图 4－15　雨滴教育业务板块

李洪坤自己也说，之所以一家创业型的公司有机会可以和世界 500 强的公司合作，就是因为她所采取了一种全新的教育方式，即线上加线下，采取反转教学的模式，线上采用真人外教一对一，每周 2 节课来学习，线下每周一节课，来应用所学内容。线上采用 25 分钟一节课，模式类似于 51talk，但是和传统的 51talk，Vipabc 相比，她们有线下课程，和学员具有线下的交流情境，有真实感，容易形成一种学习的氛围；和传统的线下机构类似于阿斯顿等机构相比，又具有线上课程，非常方便，简单快捷，又容易出效果。

当问及儿童教育的成功经验时，李洪坤只回答了两个字“认真”。确实，从事教育的每一个人都在认真地去对待孩子，李洪坤更是直言自己很享受和孩子待在一起的时光，很享受这个创业的过程。可能正是这样的一份认真，打动了很多孩子的家长，雨滴教育在儿童教育方面，已然成为行业内的大家。

就像是电影中表现的那样，一个将要成功的企业，总是会不自主地吸引一大批优秀的人才（见图 4－16）。团队中有一个女孩名叫 Anna，是个高考英语接近满分，过了专业八级的大牛。在原公司她的月薪是 8 000 元，机缘巧合，Anna 与李洪坤的团队在曲阜相处了一天，回来之后她便毅然决定加入雨滴教育的团队，尽管李洪坤许诺给她的底薪只有 2 000 元。李洪坤表示，自己只不过是满足了每个人都会有的一颗创业的心而已。

在凤岐茶社开展的英语角公益交流活动，到现在为止，已经开办了超过 120

图 4-16　李洪坤团队

期，吸引了大批对英语感兴趣的，或者对英语学习有需求的人。很多雨滴教育现在的合作伙伴就是从这里被吸引而来。李洪坤表示，公司成立至今，并没有真正地去做过宣传，但是影响力这么大的原因，正是这个英语角活动，让人真正地对雨滴教育刮目相看。

（六）最终的展望

人才真的难找，尤其是志同道合的能够跟上脚步的同龄人更是凤毛麟角。李洪坤在受访时感叹道。

公司已经计划从山东大学提供的场地中搬出来，找一处独立办公的地方。李洪坤计划用两年的时间，在济南市站稳脚跟，用五年的时间，将雨滴教育遍布山东省。当然，更大的目标，李洪坤没有说，但是，大家都一样的期待，这个用热情和自信来创业的“女强人”到底能够走到哪一步呢？

采写： 兰皓登、许洋洋　商学院 2017 级工商管理
金崎裕行　经济学院 2017 级国际经济与贸易

修订： 占烁　商学院 2018 级 MIB 硕士研究生

第五章　大学生创业支持政策研究报告

引　言

大学生创业实践继续深化的同时，我国的大学生创业政策也在不断地发展完善，主要表现为政策力度持续加大，扶持方式更加丰富，以及政策制定的精细化和具体化。从国家层面来看，大学生创业政策从早期的资金支持、税收支持、空间提供等直接方式逐渐转变为强调发展创业金融、改善创业环境、完善创业服务等内容。从省级和市县级层面来看，各地方政府相继发力，加强本地人才队伍建设，围绕本辖区的经济发展重点，逐渐形成了清晰的政策着力点，各具特色，也各有侧重。此外，不少高校也根据自身情况制定了相应的大学生创业促进政策，帮助在校生提升创业创新能力，也为他们提供更多的创业实践机会。但是，我国创业政策仍然存在缺乏相关性、适配性、连续性等问题。如何构建有实效的政策体系，进而促进大学生创业生态的支撑与服务体系，依然会是未来大学生创业政策制度工作的重点和难点。

一、各部委政策沿革及最新变迁

（一）国务院

2017 年 7 月，国务院印发《关于强化实施创新驱动发展战略进一步推进大众创业万众创新深入发展的意见》（以下简称《意见》），进一步系统性优化创新创业生态环境，强化政策供给，突破发展瓶颈，充分释放全社会创新创业潜能，在更大范围、更高层次、更深程度上推进大众创业、万众创新。

《意见》明确了大众创业、万众创新深入发展是实施创新驱动发展战略的重要载体。要进一步优化创新创业的生态环境；进一步拓展创新创业的覆盖广度；进一步提升创新创业的科技内涵；进一步增强创新创业的发展实效，着力推进创新创业与实体经济发展深度融合。

另外，《意见》提出了五个领域的政策措施：

一、加快科技成果转化。重点突破科技成果转移转化的制度障碍，保护知识产权，活跃技术交易，提升创业服务能力，优化激励机制，共享创新资源，加速科技成果向现实生产力转化；

二、拓展企业融资渠道，不断完善金融财税政策，创新金融产品，扩大信贷支持，发展创业投资，优化投入方式，推动破解创新创业企业融资难题；

三、促进实体经济转型升级，着力加强创新创业平台建设，培育新兴业态，发展分享经济，以新技术、新业态、新模式改造传统产业，增强核心竞争力，实现新兴产业与传统产业协同发展；

四、完善人才流动激励机制，充分激发人才创新创业活力，改革分配机制，引进国际高层次人才，促进人才合理流动，健全保障体系，加快形成规模宏大、结构合理、素质优良的创新创业人才队伍；

五、创新政府管理方式，持续“放管服”改革，加大普惠性政策支持力度，改善营商环境，放宽市场准入，推进试点示范，加强文化建设，推动形成政府、企业、社会良性互动的创新创业生态。

最后，《意见》强调，各地区、各部门要进一步细化政策措施，加强监督检查，确保各项政策落到实处，推进大众创业、万众创新深入发展，为全面实施创新驱动发展战略、培育壮大新动能、改造提升传统动能和促进我国经济保持中高速增长、迈向中高端水平提供强劲支撑。

同年9月，国务院办公厅印发《关于推广支持创新相关改革举措的通知》（以下简称（《通知》）。《通知》提出，为进一步加大支持创新的力度，营造有利于大众创业、万众创新的制度环境和公平竞争市场环境，为创新发展提供更加优质的服务，将在全国或京津冀、上海、广东（珠三角）、安徽（合芜蚌）、四川（成德绵）、湖北武汉、陕西西安、辽宁沈阳等8个全面创新改革试验区域内，推广涉及四个方面共13项支持创新相关改革举措：

一是科技金融创新方面，推广“以关联企业从产业链核心龙头企业获得的应收账款为质押的融资服务”“面向中小企业的一站式投融资信息服务”“贷款、保险、财政风险补偿捆绑的专利权质押融资服务”等3项改革举措，进一步创新政府引导、民间参与、市场化运作支持企业融资的服务模式，拓展科技型企业的融资渠道，提高金融支持创新的灵活性和便利性，发挥金融工具的助推作用。①

二是创新创业政策环境方面，推广“专利快速审查、确权、维权一站式服务”“强化创新导向的国有企业考核与激励”“事业单位可采取年薪制、协议工资制、项目工资等灵活多样的分配形式引进紧缺或高层次人才”“事业单位编制省内统筹使用”“国税地税联合办税”等5项改革举措，进一步健全相关激励政策，维护创新者的合法权益，提高创新者的合理收益，为创新主体松绑减负，营造激励创新的良好氛围。②

三是外籍人才引进方面，推广“鼓励引导优秀外国留学生在华就业创业，符合条件的外国留学生可直接申请工作许可和居留许可”“积极引进外籍高层次人才，简化来华工作手续办理流程，新增工作居留向永久居留转换的申请渠道”等2项改革举措，进一步破除外籍人才在我国就业创业的政策障碍，积极拓宽吸引外籍人才的渠道，促进外籍人才向我国集聚。③

四是军民融合创新方面，推广“军民大型国防科研仪器设备整合共享”“以股权为纽带的军民两用技术联盟创新合作”“民口企业配套核心军品的认定和准入标准”等3项改革举措，进一步健全军民融合创新的长效机制，加快实现军工科研成果向民用领域转化，让民口企业在更大范围内参与军品研制，有效推动形成军转民、民参军的技术创新体系，促进军民创新资源的优化配置。④

《通知》强调，各地区、各部门要深刻认识推广支持创新相关改革举措的重大意义，将其作为深入贯彻落实创新、协调、绿色、开放、共享发展理念和推进供给侧结构性改革的重要抓手。要着力推动政策制度创新，推进构建与创新驱动发展要求相适应的新体制、新模式，持续释放改革红利，激发全社会的创新创造活力，加快培育壮大经济发展新动能。见表5-1。

---

①②③④　参见《国务院办公厅印发〈关于推广支持创新相关改革举措的通知〉》，新华网，2017-09-14，见http://www.xinhuanet.com/2017-09/14/c_1121664923.htm.

表 5-1　　国务院关于大学生创业相关政策

年份	政策	要点
2011 年	国发〔2011〕16 号《国务院关于进一步做好普通高等学校毕业生就业工作的通知》	落实和完善创业扶持政策。持《就业失业登记证》（注明“自主创业税收政策”或附着《高校毕业生自主创业证》）的高校毕业生在毕业年度内（指毕业所在自然年，即 1 月 1 日至 12 月 31 日）从事个体经营的，3 年内按每户每年 8 000 元为限额依次扣减其当年实际应缴纳的营业税、城市维护建设税、教育费附加和个人所得税。2011 年 1 月 1 日至 2011 年 12 月 31 日，对高校毕业生创办的年应纳税所得额低于 3 万元（含 3 万元）的小型微利企业，其所得减按 50%计入应纳税所得额，按 20%的税率缴纳企业所得税。对符合条件的高校毕业生自主创业的，可在创业地按规定申请小额担保贷款；从事微利项目的，可享受不超过 10 万元贷款额度的财政贴息扶持。进一步改进和完善“小额担保贷款＋信用社区建设＋创业培训”联动工作机制。有条件的地区要加大财政投入，并积极引入风险投资资金，探索财政资金、风险投资等与大学生创业赛事的对接模式，规范发展民间融资，多渠道加大创业资金投入。要进一步完善和落实行政事业性收费减免等优惠政策，按照法律法规的规定，适当放宽市场准入条件，鼓励高校毕业生创业。 加强创业教育、创业培训和创业服务。各高校要广泛开展创业教育，积极开发创新创业类课程，完善创业教育课程体系，将创业教育课程纳入学分管理。积极推广成熟的创业培训模式，鼓励高校毕业生参加创业培训和实训，提高创业能力。对高校毕业生在毕业年度内参加创业培训的，根据其获得创业培训合格证书或就业、创业情况，按规定给予培训补贴。要根据高校毕业生特点和需求，组织开展政策咨询、信息服务、项目开发、风险评估、开业指导、融资服务、跟踪扶持等“一条龙”创业服务。在充分发挥各类创业孵化基地作用的基础上，因地制宜建设一批大学生创业孵化基地，并给予相关政策扶持。对基地内大学生创业企业要提供培训和指导服务，落实扶持政策，努力提高创业成功率，延长企业存活期。
2012 年	国发〔2012〕6 号《国务院关于批转促进就业规划（2011—2015 年）的通知》	促进以创业带动就业。完善并落实鼓励劳动者创业的税收优惠、小额担保贷款、财政贴息、资金补贴、场地安排等扶持政策，简化审批手续，严格规范收费行为，改善创业环境。健全创业培训体系，鼓励高等学校和中等职业学校开设创业培训课程。健全创业服务体系，为创业者提供项目信息、政策咨询、开业指导、融资服务、人力资源服务、跟踪扶持，鼓励有条件的地方建设一批示范性的创业孵化基地。推进创业型城市建设。加强宣传和舆论引导，弘扬创业精神，树立一批创业典型，营造崇尚创业、褒奖成功、宽容失败的良好创业氛围。 创业引领计划。加强对高校毕业生的创业教育和培训，强化创业服务，完善创业扶持政策，促进帮扶高校毕业生自主创业。

续前表

年份	政策	要点
2014年	国办发〔2014〕22号《国务院办公厅关于做好2014年全国普通高等学校毕业生就业创业工作的通知》	2014年至2017年，在全国范围内实施大学生创业引领计划。通过提供创业服务，落实创业扶持政策，提升创业能力，帮助和扶持更多高校毕业生自主创业，逐步提高高校毕业生创业比例。各地要采取措施，确保符合条件的高校毕业生都能得到创业指导、创业培训、工商登记、融资服务、税收优惠、场地扶持等各项服务和政策优惠。各高校要广泛开展创新创业教育，将创业教育课程纳入学分管理，有关部门要研发适合高校毕业生特点的创业培训课程，根据需求开展创业培训，提升高校毕业生创业意识和创业能力。各地公共就业人才服务机构要为自主创业的高校毕业生做好人事代理、档案保管、社会保险办理和接续、职称评定、权益保障等服务。 各地区、各有关部门要进一步落实和完善工商登记、场地支持、税费减免等各项创业扶持政策。拓宽高校毕业生创办企业出资方式，简化工商注册登记手续。鼓励各地充分利用现有资源建设大学生创业园、创业孵化基地和小企业创业基地，为高校毕业生提供创业经营场所支持。对高校毕业生创办的小型微型企业，按规定落实好减半征收企业所得税、月销售额不超过2万元的暂免征收增值税和营业税等税收优惠政策。对从事个体经营的高校毕业生和毕业年度内的高校毕业生，按规定享受相关税收优惠政策。留学回国的高校毕业生自主创业，符合条件的，可享受现行高校毕业生创业扶持政策。 各银行业金融机构要积极探索和创新符合高校毕业生创业实际需求特点的金融产品和服务方式，本着风险可控和方便高校毕业生享受政策的原则，降低贷款门槛，优化贷款审批流程，提升贷款审批效率。要通过进一步完善抵押、质押、联保、保证和信用贷款等多种方式，多途径为高校毕业生解决反担保难问题，切实落实银行贷款和财政贴息。在电子商务网络平台开办"网店"的高校毕业生，可享受小额担保贷款和贴息政策。充分发挥中小企业发展专项资金的积极作用，推动改善创业环境。鼓励企业、行业协会、群团组织、天使投资人等以多种方式向自主创业大学生提供资金支持，设立重点面向扶持高校毕业生创业的天使投资和创业投资基金。对支持创业早期企业的投资，符合条件的，可享受创业投资企业相关企业所得税优惠政策。 加强高校毕业生创业政策措施、先进事迹和经验的宣传力度。加强对高校毕业生创业工作的组织领导，确保各项促进高校毕业生就业创业政策落到实处。
2015年	国办发〔2015〕9号《国务院办公厅关于发展众创空间推进大众创新创业的指导意见》	推进实施大学生创业引领计划，鼓励高校开发开设创新创业教育课程，建立健全大学生创业指导服务专门机构，加强大学生创业培训，整合发展国家和省级高校毕业生就业创业基金，为大学生创业提供场所、公共服务和资金支持，以创业带动就业。

续前表

年份	政策	要点
2015年	国发〔2015〕23号《国务院关于进一步做好新形势下就业创业工作的意见》	高校毕业生创办个体工商户、个人独资企业的，可依法享受税收减免政策。 将求职补贴调整为求职创业补贴，对象范围扩展到已获得国家助学贷款的毕业年度高校毕业生。深入实施大学生创业引领计划、离校未就业高校毕业生就业促进计划，整合发展高校毕业生就业创业基金，完善管理体制和市场化运行机制，实现基金滚动使用，为高校毕业生就业创业提供支持。
	国办发〔2015〕36号《国务院办公厅关于深化高等学校创新创业教育改革的实施意见》	制定深化高等学校创新创业教育改革总体目标，到2020年建立健全课堂教学、自主学习、结合实践、指导帮扶、文化引领融为一体的高校创新创业教育体系，人才培养质量显著提升，学生的创新精神、创业意识和创新创业能力明显增强，投身创业实践的学生显著增加。 主要任务和措施：完善人才培养质量标准；创新人才培养机制；健全创新创业教育课程体系；改革教学方法和考核方式；强化创新创业实践；改革教学和学籍管理制度；加强教师创新创业教育教学能力建设；改进学生创业指导服务；完善创新创业资金支持和政策保障体系。
	国发〔2015〕32号《国务院关于大力推进大众创业万众创新若干政策措施的意见》	深入实施大学生创业引领计划，整合发展高校毕业生就业创业基金。引导和鼓励高校统筹资源，抓紧落实大学生创业指导服务机构、人员、场地、经费等。引导和鼓励成功创业者、知名企业家、天使和创业投资人、专家学者等担任兼职创业导师，提供包括创业方案、创业渠道等创业辅导。建立健全弹性学制管理办法，支持大学生保留学籍休学创业。
2016年	国办发〔2016〕35号《国务院办公厅关于建设大众创业万众创新示范基地的实施意见》	高校和科研院所双创示范基地的建设重点之一是，构建大学生创业支持体系。实施大学生创业引领计划，落实大学生创业指导服务机构、人员、场地、经费等。建立健全弹性学制管理办法，允许学生保留学籍休学创业。构建创业创新教育和实训体系。加强创业导师队伍建设，完善兼职创业导师制度。 选定清华大学、上海交通大学、南京大学和四川大学四所高校为高校和科研院所首批双创示范基地
2017年	国发〔2017〕37号《国务院关于强化实施创新驱动发展战略进一步推进大众创业万众创新深入发展的意见》	深入实施“互联网+”“中国制造2025”、军民融合发展、新一代人工智能等重大举措，着力加强创新创业平台建设，培育新兴业态，发展分享经济，以新技术、新业态、新模式改造传统产业，增强核心竞争力，实现新兴产业与传统产业协同发展。 允许外国留学生凭高校毕业证书、创业计划申请加注“创业”的私人事务类居留许可；实施留学人员回国创新创业启动支持计划，吸引更多高素质留学人才回国创新创业。继续推进两岸青年创新创业基地建设，推动内地与港澳地区开展创新创业交流合作。 实施社团创新创业融合行动，搭建创新创业资源对接平台，推介一批创新创业典型人物和案例，推动创新精神、企业家精神和工匠精神融合，进一步引导和推动各类科技人员投身创新创业大潮。

续前表

年份	政策	要点
2017年	国发〔2017〕37号《国务院关于强化实施创新驱动发展战略进一步推进大众创业万众创新深入发展的意见》	适时适当放宽教育等行业互联网准入条件，降低创新创业门槛，加强新兴业态领域事中事后监管。 积极有序推进试点示范，加快建设全国双创示范基地，推进小微企业创业创新基地城市示范，整合创建一批农村创新创业示范基地。推广全面创新改革试验经验。研究新设一批国家自主创新示范区、高新区，深化国家自主创新示范区政策试点。
	国办发〔2017〕54号《国务院办公厅关于建设第二批大众创业万众创新示范基地的实施意见》	对首次创办小微企业或从事个体经营并正常经营1年以上的高校毕业生、就业困难人员，鼓励双创示范基地开展一次性创业补贴试点工作。 支持建设“双创”支撑平台。采取政府资金与社会资本相结合的方式支持双创示范基地建设，引导各类社会资源向创新创业支撑平台集聚，加快建设进度，提高服务水平。支持示范区域内的龙头骨干企业、高校和科研院所建设专业化、平台型众创空间。对条件成熟的专业化众创空间进行备案，给予精准扶持。依托科技园区、高等学校、科研院所等，加快发展“互联网＋”创业网络体系，建设一批低成本、便利化、全要素、开放式的众创空间，降低创业门槛。试点推动老旧商业设施、仓储设施、闲置楼宇、过剩商业地产转为创业孵化基地。双创示范基地可根据创业孵化基地入驻实体数量和孵化效果，给予一定奖补。 支持海外人才回国（来华）创业。探索建立华侨华人回国（来华）创业综合服务体系，逐步推广已在部分地区试行的海外人才优惠便利政策。促进留学回国人员就业创业，鼓励留学人员以知识产权等无形资产入股方式创办企业。简化留学人员学历认证等手续，降低服务门槛，依法为全国重点引才计划引进人才及由政府主管部门认定的海外高层次留学人才申请永久居留提供便利。实施有效的人才引进和扶持政策，吸引更多人才回流，投身创新创业。 支持双创示范基地之间建立协同机制，开展合作交流，共同完善政策环境，共享创新创业资源，共建创新创业支撑平台。支持双创示范基地“走出去”，与相关国家、地区开展合作交流。 营造创新创业浓厚氛围。办好全国“双创”活动周，展现各行业、各区域开展创新创业活动的丰硕成果。办好“创响中国”系列活动，开展双创示范基地政策行、导师行、科技行、投资行、宣传行等活动。实施社团创新创业融合行动，推介一批创新创业典型人物和案例，进一步引导和推动各类科技人员投身创新创业大潮。继续举办各类创新创业大赛，推动创新创业理念更加深入人心。 第二批双创示范基地增补北京大学、浙江大学、复旦大学等26个高校和科研院所。
	国办发〔2017〕80号《国务院办公厅关于推广支持创新相关改革举措的通知》	鼓励引导优秀外国留学生在华就业创业，符合条件的外国留学生可直接申请工作许可和居留许可。 外国留学生凭国内高校毕业证书、创业计划书，可申请加注“创业”的私人事务类居留许可；注册企业的，凭国内高校毕业证书和企业注册证明等材料，可申请工作许可和工作类居留许可。

续前表

年份	政策	要点
2017年	国办发〔2017〕80号《国务院办公厅关于推广支持创新相关改革举措的通知》	获得硕士及以上学位的外国留学生，符合一定条件的，可直接申请外国人来华工作许可和工作类居留许可。 构建物理载体和信息载体，通过政府引导、民间参与、市场化运作，搭建债权融资服务、股权融资服务、增值服务三大信息服务体系，加强科技与金融融合，为中小企业提供全方位、一站式投融资信息服务。 金融机构、地方政府等依法按市场化方式自主选择建立“贷款＋保险保障＋财政风险补偿”的专利权质押融资新模式，为中小企业专利贷款提供保证保险服务。 国税、地税合作共建办税服务厅，统筹整合双方办税资源，实现“进一家门、办两家事”的目标。

（二）教育部

历年的《关于做好全国普通高等学校毕业生就业创业工作的通知》都对高校创业政策进行了总括性指导。自2014年起，教育部《关于做好全国普通高等学校毕业生就业工作的通知》更名为《关于做好全国普通高等学校毕业生就业创业工作的通知》，体现出教育部对创业工作重视程度的提高。见表5-2。

表5-2　教育部关于大学生创业相关政策

年份	要点
2010年	加大创业政策扶持力度。各省级教育行政部门要与有关部门共同贯彻落实好财政部、国家税务总局《关于支持和促进就业有关税收政策的通知》（财税〔2010〕84号），认真做好《高校毕业生自主创业证》的审核、发放工作，把好事办好，让毕业生切实享受到自主创业税收减免政策。要积极协调并配合有关部门出台支持政策，通过政府投入和民间募集等方式，设立大学生创业资金，加大资金投入；落实毕业生自主创业在工商注册、行政审批、小额担保贷款等方面的政策。各高校要深入挖潜，积极出台本校促进学生自主创业的措施办法。 全面开展创新创业教育和创业实践活动。教育部将积极推进创新创业教育教学改革项目；各地要积极推动高校建设创业教育基地，设立创业教育资金，开展示范校评选，编写教学基本要求和教材，推广创业教育优秀成果。高校创新创业教育要面向全体学生，结合专业教学，融入人才培养全过程；广泛开展创业讲座、创业大赛等实践活动，提高学生的创业素质和创业能力。 加快建成一大批高校学生创业实践和孵化基地。教育部将推动建设一批高校学生科技创业实习基地，继续开展“国家大学生创业示范基地”评选活动；各地要充分利用大学科技园、经济技术开发区、高新技术开发区、工业园区等资源，创建一批省级和地市级大学生创业实践和孵化基地，制定配套优惠措施；各高校也要积极整合资源，通过企业参与等方式建立创业基地，并进一步加快高校科技成果产业化进程，提升高校服务社会的能力。

续前表

年份	要点
2010年	加强对毕业生自主创业的指导服务。教育部开通“大学生创业服务网”；各地各高校要依托创业网，广泛挖掘创业项目和创业信息，开展创业培训、政策咨询、创业实训，提供项目开发、开业指导等服务，鼓励和帮助创业的学生带动更多学生实现创业、就业。 有条件的高校要成立就业创业指导教研室，鼓励专职教师到用人单位挂职，加强对校级领导、专职教师、院系辅导员的培训。 对高校毕业生就业困难群体实施积极有效的帮扶，加强就业创业指导。 进一步加强就业教育和思想政治教育，举办“自主创业先进事迹报告团”等活动，引导毕业生转变观念，走自主创业的成才之路。进一步加强与媒体的沟通协作，全面、准确地宣传国家和地方促进毕业生就业创业的方针、政策、工作成效以及先进典型，努力营造有利于促进毕业生就业工作的良好舆论氛围。
2011年	全面加强创新创业教育和创业基地建设。各省级教育行政部门、各高校要把创新创业教育作为培养创新型人才的重要途径，普遍建立地方和高校创新创业教育指导中心等机构，积极开发创新创业类课程，并纳入学分管理。要探索建立聘用企业家和创业成功人士担任创业导师、学校专职教师到用人单位挂职锻炼双向交流的有效机制。广泛开展创业大赛、创业模拟等实践活动，着力培养学生的创新精神、强化创业意识和提升创业能力。要大力建设创新创业教育实践、实习和项目孵化基地等创新创业平台，积极推进“大学生创业示范基地”“大学生创业教育示范校”建设。 进一步加强创业政策扶持和创业服务。各省级主管部门、各高校要在资金、项目、技术、培训等方面对大学生创业给予更多扶持。要设立创新创业教育专项资金和扶持大学生创业的资金，继续做好《高校毕业生自主创业证》审核发放工作，配合落实好减税、贴息贷款、培训补贴、落户等政策。要组织开展政策咨询、项目开发、风险评估、开业指导、融资服务、跟踪扶持等“一条龙”服务，完善教育部“全国大学生创业服务网”，鼓励更多高校毕业生自主创业。 有条件的高校要建立就业创业指导课程体系。 大力宣传毕业生就业创业的先进典型，努力营造良好舆论氛围。
2012年	普遍开展创新创业教育和实践活动。各地各高校要成立创新创业教育和自主创业工作领导协调机构，明确职责和任务，完善工作体制和运行机制，指导和推进创新创业工作。要把创新创业教育融入专业教学和人才培养的全过程，加快建立和完善创新创业教育课程体系；注重创新创业教育的实践性特点，认真实施“本科教学工程”国家级大学生创新创业训练计划，积极组织学生参加各类创新创业竞赛、模拟创业等实践活动，培养学生的创业意识、创新精神，提高创业能力。鼓励各地和高校开辟专门场地或依托大学科技园、高新技术产业开发区、工业园区等，开展大学生创新创业教育实践、实习和项目孵化，大力推动“大学生创业示范基地”“大学生创业教育示范校”建设。 协调配合落实创业扶持政策和创业服务。各省级工作部门和高校要主动配合有关部门落实好《高校毕业生自主创业证》《就业失业登记证》发放以及自主创业税费减免、小额担保贷款、创业地落户等优惠政策。要充分整合政府、学校、社会等多方资源，在资金、场地、项目、技术、培训等方面加大扶持力度。鼓励高校设立校级大学生自主创业资金。鼓励有条件的地方设立高校毕业生自主创业“一站式”服务平台和“绿色通道”，进一步完善“全国大学生创业服务网”功能，为高校学生提供创业资讯、创业指导、项目展示、项目对接等服务。

续前表

年份	要点
2013 年	简化创业手续、降低创业门槛，加快构建“一站式”服务平台和“绿色通道”，使毕业生能够高效、便捷申领证照。 进一步落实好自主创业税费减免、小额担保贷款、创业地落户、毕业学年享受创业培训补贴等优惠政策。 积极推动设立国家和省级高校毕业生就业创业基金，进一步扩大资金规模，简化申领手续，扩展资金受益面。高校要设立校级大学生创业资金，开辟专门场地用于大学生创业实践和孵化。 邀请创业成功人士、企业家担任创业导师，提高创业指导的有效性和实用性。为创业学生提供政策咨询、项目开发、风险评估、开业指导、跟踪扶持等服务，提高创业成功率。
2014 年	将创新创业教育贯穿人才培养全过程，面向全体大学生开发开设创新创业教育专门课程，纳入学分管理，改进教学方法，增强实际效果。 组织学生参加各类创新创业竞赛、创业模拟等实践活动，着力培养学生创新精神、创业意识和创新创业能力。 高校要建立弹性学制，允许在校学生休学创业。 高校要聘请创业成功者、企业家、投资人、专家学者等担任兼职导师，对创新创业学生进行一对一指导。 要加大对大学生自主创业资金支持力度，多渠道筹集资金，广泛吸引金融机构、社会组织、行业协会和企事业单位为大学生自主创业提供资金支持。 建设一批大学生创业示范基地，继续推动大学科技园、创业园、创业孵化基地和实习实践基地建设。高校应开辟专门场地用于学生创新创业实践活动。教育部工程研究中心、各类实验室、教学仪器设备等原则上都要向学生开放。 鼓励扶持开设网店等多种创业形态。
2015 年	从 2016 年起所有高校都要设置创新创业教育课程，对全体学生开发开设创新创业教育必修课和选修课，纳入学分管理。对有创业意愿的学生，开设创业指导及实训类课程。对已经开展创业实践的学生，开展企业经营管理类培训。 要广泛举办各类创新创业大赛，支持高校学生成立创新创业协会、创业俱乐部等社团，举办创新创业讲座、论坛。 高校要设立创新创业奖学金，并在现有相关评优评先项目中拿出一定比例用于表彰在创新创业方面表现突出的学生。 重点支持高校学生到新兴产业领域创业。推动相关部门加快制定有利于互联网创业的扶持政策。 要按照《普通高等学校学生管理规定》要求，制订本地本校创新创业学分转换、实施弹性学制、保留学籍休学创新创业等具体措施，支持参与创业的学生转入相关专业学习，为创新创业学生清障搭台。 高校要通过合作、转让、许可等方式，向高校毕业生创设的小微企业优先转移科技成果。 各地各高校要配齐配强创新创业教育专职教师，聘请各行各业优秀人才担任兼职教师，建立全国万名优秀创新创业导师人才库。 要创新服务内容和方式，为准备创业的学生提供开业指导、创业培训等服务，为正在创业的学生提供孵化基地、资金支持等服务。高校要建立校园创新创业导师微信群、QQ 群等，发布创业项目指南，实现高校学生创业时时有指导、处处有服务。

续前表

年份	要点
2016年	抓紧制定鼓励学生创新创业的学分转换、弹性学制、保留学籍休学创业等具体政策措施。 要在明晰科研成果产权前提下，支持在校学生带着科研成果创业，并提供实验室、实验设备等各类资源。 要积极引导鼓励学生返乡创业，并积极协调有关部门为返乡创业的学生提供土地、资金、技术指导等方面的支持。 要组织举办好第二届中国“互联网＋”大学生创新创业大赛和2016年全国职业院校技能大赛，通过各类大赛激发学生创新创业热情。 要做好全国高校创新创业总结宣传工作，提供各类学校可借鉴的典型经验。
2017年	推进高校创新创业教育改革。着力强化创新创业实践，搭建实习实训平台，实施大学生创新创业训练计划，办好各级各类创新创业竞赛，不断增强学生的创新精神、创业意识和创新创业能力。 落实创新创业政策。各地教育部门要配合有关部门进一步完善落实工商登记、税费减免、创业贷款等优惠政策，为大学生创业开辟“绿色通道”。各高校要改革教学和学籍管理制度，完善细化创新创业学分积累与转换、弹性学制管理和保留学籍休学创业等政策，支持创业学生复学后转入相关专业学习。 加大创新创业场地建设和资金投入。各地各高校要充分利用大学科技园、大学生创业园、创业孵化基地等创新创业平台，为大学生创业提供场地支持，孵化一批创新创业项目。高校科研设施、仪器设备等资源原则上要面向全体学生开放，优先向大学生创办的小微企业转移高校的科技成果。通过政府支持、学校自设、校外合作、风险投资等多渠道筹措资金，扶持大学生自主创业。 提升创新创业服务水平。建立健全国家、省级、高校大学生创业服务网络平台，为大学生提供政策解读、项目对接和培训实训等指导服务。各地各高校要加强创新创业教师队伍建设，聘请行业专家、创业校友等担任创新创业导师。开展全国高校创新创业总结宣传工作，以点带面，引领和推动高校提升创新创业工作质量。
2018年	深化高校创新创业教育改革。各地各高校要把创新创业教育改革作为高等教育综合改革的重要突破口，在培养方案、课程体系、教学方法和管理制度等方面将改革持续向纵深推进，促进专业教育与创新创业教育有机融合，将创新创业教育贯穿人才培养全过程。 强化创新创业实践，办好各级各类创新创业竞赛，着力培养学生的创新精神和创造能力。 落实创新创业优惠政策。省级教育部门要配合有关部门进一步完善落实工商登记、税费减免、创业贷款等优惠政策，为毕业生创新创业开辟“绿色通道”。高校要细化完善教学和学籍管理制度，进一步落实创新创业学分积累与转换、弹性学制管理、保留学籍休学创业、支持创新创业学生复学后转入相关专业学习等政策。 提升创新创业服务保障能力。各地各高校要加快发展众创空间，依托创业园、创业孵化基地等为毕业生创新创业提供场地支持。多渠道筹措资金，综合运用政府支持、学校自筹以及信贷、创投、社会公益、无偿许可专利等方式扶持大学生自主创业。建立健全国家、省级、高校大学生创业服务平台，聘请行业专家、创业校友等担任导师，通过举办讲座、论坛、沙龙等活动，为大学生创业提供信息咨询、管理运营、项目对接、知识产权保护等方面的指导服务。

（三）人力资源和社会保障部

人力资源和社会保障部于2010年5月发布《关于实施大学生创业引领计划的通知》（人社部发〔2010〕31号），制定2010—2012年大学生创业引领计划要点。2014年5月，人力资源和社会保障部、国家发展改革委、教育部、科技部、工业和信息化部、财政部、人民银行、工商总局、共青团中央决定，于2014—2017年实施新一轮“大学生创业引领计划”，并发布《人力资源和社会保障部等九部门关于实施大学生创业引领计划的通知》（人社部发〔2014〕38号），目标是力争实现2014—2017年引领80万大学生创业。

在人力资源和社会保障部历年的《关于做好全国高校毕业生就业创业工作的通知》中，也对高校毕业生创业工作进行了部署，同样在2014年，《关于做好全国高校毕业生创业工作的通知》更名为《关于做好全国高校毕业生就业创业工作的通知》，充分体现出人社部对高校毕业生创业工作的重视，历年政策重点如表5-3所示。

表5-3　人力资源和社会保障部关于大学生创业相关政策

年份	政策要点
2012年	要积极支持和鼓励高校开展创新创业教育，根据高校的需求，组织创业政策制定专家、创业指导专家、成功创业人士，特别是大学生创业典型进校园，开展创业宣讲活动，广泛宣传国家和本地扶持高校毕业生创业的政策措施，帮助高校毕业生了解创业环境，掌握创业政策，点燃创业激情，坚定创业信心。要积极推荐适合高校毕业生创业的项目，组织开展创业大赛等活动，引导更多高校毕业生走上创业道路。 扎实推进创业服务。要深入推动实施“大学生创业引领计划”，为有创业意愿的高校毕业生提供创业培训和创业实训，会同有关部门进一步简化创业手续，落实好小额担保贷款、税费减免和落户等创业扶持政策。各地在推进创业孵化基地建设过程中，要将大学生作为重点群体给予支持，提供政策咨询、信息服务、项目开发、风险评估、开业指导、融资服务、跟踪扶持等“一条龙”创业服务。有条件的地方可设立高校毕业生创业资金，扶持高校毕业生创业。
2013年	对有创业意愿的高校毕业生，要组织其参加创业培训和创业实训，提高创业能力。会同有关部门切实落实好小额担保贷款及贴息、税费减免、落户等创业扶持政策。完善创业指导服务措施，为高校毕业生提供政策咨询、项目开发、创业培训、融资服务、开业指导、跟踪扶持等“一条龙”创业服务。推动大学生创业园建设，为高校毕业生提供创业孵化服务，提高创业成功率。结合各地实际，组织开展大学生创业竞赛、创业导师校园行、创业大学生校园宣讲等活动，营造鼓励创业的良好氛围。
2014年	启动实施新一轮大学生创业引领计划。各地要创新工作思路，完善政策措施，扶持更多高校毕业生自主创业，逐步提高大学生创业比例。对有创业意愿的大学生提供创业培训，按规定给予培训补贴，切实提升创业能力。进一步落实创业扶持政策，对符合条件的及时提供小额担保贷款及贴息、税收减免等政策扶持。加强创业指导和服务，为创业大学生提供政策咨询、信息服务、项目开发、风险评估、开业指导、融资服务、跟踪扶持等“一条龙”创业服务。积极推进创业孵化基地建设，为创业大学生提供场地支持和孵化服务。 宣传方面，重点宣传各地促进就业创业的政策措施，提高政策知晓度；重点宣传高校毕业生到基层、中小企业就业创业的先进典型，引导高校毕业生转变就业观念。

续前表

年份	政策要点
2015 年	切实抓好高校毕业生就业创业政策落实。结合实际细化完善政策措施，加大督促检查力度，确保政策落实“最后一公里”畅通，让符合条件的高校毕业生和用人单位都能享受到政策扶持。会同有关部门全面落实和完善鼓励小微企业吸纳高校毕业生就业社保补贴、培训补贴等政策，落实好高校毕业生创业税收优惠、小额担保贷款、离校未就业高校毕业生灵活就业社保补贴等政策，促进毕业生多渠道就业和创业。 深入实施大学生创业引领计划。帮助扶持有志创业的高校毕业生成功创业，以创业兴业带动就业。切实加强创业培训工作，以有创业愿望的大学生为重点，编制专项培训计划，优先安排培训资源，使每一个有创业愿望和培训需求的大学生都有机会获得创业培训。积极协调有关部门落实鼓励大学生创业的各项政策和便利化措施，减轻创业大学生负担，为创业大学生提供多渠道资金支持，对在电子商务网络平台开办“网店”的高校毕业生，落实好小额担保贷款和贴息政策。进一步加强创业服务工作，加快建设青年创业导师团队，建立健全青年创业辅导制度，组织开展形式多样的创业交流活动，帮助创业大学生积累经验、获得支持。加强创业孵化基地功能建设和制度建设，积极探索建立公共服务机构与市场主体合作机制，用好用活市场资源，提高创业孵化成功率。 创新高校毕业生就业宣传工作。宣传各地促进毕业生就业创业的政策措施及其新进展新成效新经验，宣传毕业生自主创业的生动实践，宣传获取就业创业政策和岗位信息的各种渠道。
2016 年	调动各方力量，把大学生创业引领计划实施纳入本地区“双创”工作总体安排。贯彻落实深化高等学校创新创业教育改革措施，健全创新创业教育课程体系，强化创新创业实践，加快推进创新创业教育的普及。会同有关部门以有创业愿望的大学生为重点，编制实施专项培训计划，进一步丰富适合大学生的创业培训项目，充实创业培训师资，加强培训质量监督，提高培训针对性、有效性。协调有关方面细化落实工商登记、税费减免、创业担保贷款及贴息、场地支持等创业扶持政策，并为创业大学生提供财政资金、金融资金、社会公益资金和市场创投资金等多渠道资金支持。进一步加强创业服务工作，运用政府购买服务机制，统筹发挥公共就业人才服务机构和创业服务市场主体作用，办好用好各类创业服务载体，对创业大学生实施精准帮扶。切实抓好创业大学生的统计、绩效评价和计划执行考核，确保完成年度计划目标任务。
2017 年	落实完善学费补偿、高定工资档次、税收优惠、社保补贴、创业担保贷款等政策，结合政府购买基层公共管理和社会服务开发就业岗位，统筹实施“三支一扶”计划等基层服务项目，鼓励毕业生到城乡基层、中西部地区、艰苦边远地区、中小微企业就业和创业。 要综合运用税收优惠、创业担保贷款、就业创业服务补贴、经营场所租金补贴等创业扶持政策和鼓励企业招用高校毕业生的就业扶持政策，重点支持高校毕业生创业企业吸纳应届毕业生，发挥创业带动就业作用。 推进公共就业人才服务机构实体大厅服务向网络服务延伸，运用微信、微博、手机APP等平台，多渠道、点对点发布和推送就业信息，精准促进人岗匹配，打造便捷高效的“互联网＋就业服务”模式。 要着力夯实服务基础，健全离校未就业高校毕业生实名信息数据库，规范信息采集、更新、报送等工作流程，动态更新就业进展情况，实现信息共享和业务协同，提升就业管理服务信息化水平。

续前表

年份	政策要点
2018年	加强统筹实施。将高校毕业生就业创业政策与经济政策、引才引智政策有机结合，在推动产业转型升级、区域协调发展、实施乡村振兴战略、支持小微企业创新发展中，多渠道开发适合毕业生的就业岗位。巩固基层就业主阵地，深入实施高校毕业生基层成长计划，统筹推进"三支一扶"计划等服务项目，加强政策引导和服务保障，鼓励毕业生到城乡基层、中西部地区、艰苦边远地区就业创业。 各地要抓住打造"双创"升级版的有利契机，集中优质资源支持高校毕业生创业创新。强化能力素质培养，将创业培训向校园延伸，依托各类培训机构、企业培训中心等平台，创新开发一批质量高、特色鲜明、针对性强的培训实训课程，更好满足毕业生创业不同阶段、不同领域、不同业态的需求。加大政策资金支持，落实好创业担保贷款、一次性创业补贴、场租补贴等扶持政策，支持有条件的地方设立高校毕业生就业创业基金，积极引入各类社会资本，多渠道助力毕业生创业创新。优化创业指导服务，推动公共就业创业服务机构、创业孵化基地向毕业生开放，充实完善涵盖不同行业领域、资源经验丰富的专家指导团队，为毕业生创业提供咨询辅导、项目孵化、场地支持、成果转化等全要素服务，帮助解决工商税务登记、知识产权、财务管理等实际问题。搭建交流对接平台，组织"中国创翼"创业创新大赛、创业项目展示推介、选树创业典型等活动，结合实际打造更多富有地方特色的创业品牌活动，为创业毕业生提供项目与资金、技术、市场对接渠道。

（四）财政部

见表5-4。

表5-4　财政部关于大学生创业相关政策

年份	政策名称	政策要点
2010年	《关于支持和促进就业有关税收政策的通知》（财税〔2010〕84号）	对高校毕业生自主创业者，在3年内按每户每年8 000元为限额依次扣减其当年实际应缴纳的营业税、城市维护建设税、教育费附加和个人所得税。
2014年	《关于继续实施支持和促进重点群体创业就业有关税收政策的通知》（财税〔2014〕39号）	附着《高校毕业生自主创业证》人员从事个体经营的，在抵扣税费限额8 000元上限不变的基础上，增加限额标准最高上浮20%的规定，并规定各省、自治区、直辖市人民政府可根据本地区实际情况在此幅度内确定具体限额标准，并报财政部和国家税务总局备案。
2015年	《关于支持和促进重点群体创业就业税收政策有关问题的补充通知》（财税〔2015〕18号）	取消《高校毕业生自主创业证》，毕业年度内高校毕业生从事个体经营的，持《就业创业证》（注明"毕业年度内自主创业税收政策"）享受税收优惠政策。

续前表

年份	政策名称	政策要点
2017年	《关于继续实施支持和促进重点群体创业就业有关税收政策的通知》（财税〔2017〕49号）	对商贸企业、服务型企业、劳动就业服务企业中的加工型企业和街道社区具有加工性质的小型企业实体，在新增加的岗位中，当年新招用在人力资源社会保障部门公共就业服务机构登记失业半年以上且持《就业创业证》或《就业失业登记证》（注明“企业吸纳税收政策”）人员，与其签订1年以上期限劳动合同并依法缴纳社会保险费的，在3年内按实际招用人数予以定额依次扣减增值税、城市维护建设税、教育费附加、地方教育附加和企业所得税优惠。定额标准为每人每年4 000元，最高可上浮30%，各省、自治区、直辖市人民政府可根据本地区实际情况在此幅度内确定具体定额标准，并报财政部和税务总局备案。
	《财政部税务总局人力资源社会保障部关于继续实施支持和促进重点群体创业就业有关税收政策的通知》（财税〔2017〕49号）	税款减免顺序及额度 符合条件人员从事个体经营的，按照财税〔2017〕49号文件第一条的规定，在年度减免税限额内，依次扣减增值税、城市维护建设税、教育费附加、地方教育附加和个人所得税。纳税人的实际经营期不足一年的，应当以实际月份换算其减免税限额。换算公式为：减免税限额＝年度减免税限额÷12×实际经营月数。 纳税人实际应缴纳的增值税、城市维护建设税、教育费附加、地方教育附加和个人所得税小于减免税限额的，以实际应缴纳的增值税、城市维护建设税、教育费附加、地方教育附加和个人所得税税额为限；实际应缴纳的增值税、城市维护建设税、教育费附加、地方教育附加和个人所得税大于减免税限额的，以减免税限额为限。 上述城市维护建设税、教育费附加、地方教育附加的计税依据是享受本项税收优惠政策前的增值税应纳税额。
2018年	《关于进一步做好创业担保贷款财政贴息工作的通知》（财金〔2018〕22号）	将小微企业贷款对象范围调整为：当年新招用符合创业担保贷款申请条件的人员数量达到企业现有在职职工人数25%（超过100人的企业达到15%）、并与其签订1年以上劳动合同的小微企业。 降低贷款申请条件。个人创业担保贷款申请人贷款记录的要求调整为：除助学贷款、扶贫贷款、住房贷款、购车贷款、5万元以下小额消费贷款（含信用卡消费）以外，申请人提交创业担保贷款申请时，本人及其配偶应没有其他贷款。 放宽担保和贴息要求。对已享受财政部门贴息支持的小微企业创业担保贷款，可通过创业担保贷款担保基金提供担保形式支持。对还款积极、带动就业能力强、创业项目好的借款个人和小微企业，可继续提供创业担保贷款贴息，但累计次数不得超过3次。 完善担保机制。鼓励各地聚焦第一还款来源，探索通过信用方式发放创业贷款，在不断提高风险评估能力的基础上，逐步取消反担保。对获得市（设区的市）级以上荣誉称号的创业人员、创业项目、创业企业，经金融机构评估认定的信用小微企业、商户、农户，经营稳定守信的二次创业者等特定群体原则上取消反担保。

（五）转移性政策安排

教育部高等教育司发布《教育部高等教育司关于报送2016年国家级大学生创新创业训练计划立项项目的通知》（教高司函〔2016〕12号）①，要求中央部委所属高校和地方所属高校核定“国创计划”立项项目数，高校自筹经费配套。为推进产学合作育人，教育部高等教育司组织了有关企业与高校共同实施产学合作国家大学生创新创业训练计划联合基金项目，组织企业为高校创新创业训练计划项目提供资助。

教育部从2007年开始实施“大学生创新性实验计划”，2012年教育部在“本科教学工程”中设立了国家级“大学生创新创业训练计划”（简称“国创计划”）。计划的实施，坚持“兴趣驱动、自主实践、重在过程”的原则，倡导以学生为主体开展创新性实践，加强大学生的创新创业思维训练，提高大学生的实践能力、创新创业能力和团队合作能力，营造创新创业教育的良好氛围。截至2016年3月，共有117所中央部委所属高校和710所地方所属高校参与“国创计划”，近8万个国家级项目获得了资助。其中创新训练项目66 765项、创业训练项目9 118项、创业实践项目2 942项，内容覆盖理、工、农、医、文、法等12个学科门类，投入经费近15亿元，参与学生近30万人。同时，各省和一些高校也开展了省级、校级大学生创新创业训练计划。

2015年5月，教育部联合中宣部、发展改革委、工业和信息化部、人力资源社会保障部、团中央和吉林省政府共同启动了首届中国“互联网＋”大学生创新创业大赛。大赛目的是为贯彻落实《国务院办公厅关于深化高等学校创新创业教育改革的实施意见》，以大赛为抓手推动高校创新创业教育改革，促进各地各高校以赛促教、以赛促学、以赛促练，探索创新创业教育新模式，强化创新创业实践，培养激发大学生的创造力。推动赛事成果转化，加强“互联网＋”相关领域紧缺人才培养，特别是加快培养符合互联网新业态发展需求的高素质复合型人才，主动服务经济提质增效升级。促进创新引领创业、创业带动就业，推动高校毕业生更高质量创业就业。首届大赛的主题是“‘互联网＋’成就梦想　创新创业开辟未来”。大赛吸引31个省（市、自治区）1 859所高校的56 775支团队报名参加，提交项目作品36 044个，参与学生超过20万人。

---

① 教育部高等教育司：《关于报送2016年国家级大学生创新创业训练计划立项项目的通知》（教高司函〔2016〕12号），见http：//www.moe.gov.cn/s78/A08/A08_gggs/A08_sjhj/201603/t20160314_233421.html.

二、各省关于学生创业政策

(一) 政策分布及覆盖范畴

2015年，教育部召开了深化高等学校创新创业教育改革视频会和深入推进高校创新创业教育改革座谈会，广泛动员各地各高校全面推进创新创业教育改革工作。要求省级教育部门和高校落实主体责任，制定并报备深化本地本校创新创业教育改革的实施方案。截至2016年3月，23个省份和101所中央高校已完成了方案编制，将创新创业教育改革有机纳入、有序推进。[①]

以上海市为例，上海市政府从2006年起，连续5年，由市科委、市教委每年各投入5 000万元，每年向基金会投入1亿元专项拨款，以鼓励和支持大学生进行自主创业实践。

河南、山东等省则推出了高校毕业生“试营业制度”，实行货币出资“零缴付”、经营场地“零成本”、服务创业“零收费”等优惠措施。

(二) 特定范畴或指向的政策

1. 鼓励农村青年创业政策

2015年10月，安徽省在《安徽省人民政府办公厅关于支持农民工等人员返乡创业的实施意见》(皖政办秘〔2015〕163号)[②] 中规定，向符合条件的返乡创业人员发放不超过10万元的担保贷款，财政部门按规定给予贴息。返乡人员创办劳动密集型小企业或新型农业经营主体，可按规定给予最高额度不超过200万元的创业担保贷款，并按照同期贷款基准利率的50%给予财政贴息。

2015年12月，青海省在《青海省人民政府办公厅关于做好农民工等人员返乡创业工作的实施意见》(青政办〔2015〕241号)[③] 中对创业行为给予一次性奖励：对返乡创业人员创办经营实体或网络商户，经营1年以上实现成功创业的，给予一次性奖励和不超过3年的社保补贴。其中：大中专毕业生创业奖励1万元；失地农民、生态

---

① 参见《百万大学生投身创新创业热潮 2015年高校创新创业教育改革蹄疾步稳》，见 http://www.moe.gov.cn/jyb_xwfb/s5147/201603/t20160325_235305.html.

② 参见《安徽省人民政府办公厅关于支持农民工等人员返乡创业的实施意见》(皖政办秘〔2015〕163号)，见 http://www.ah.gov.cn/Tmp/News_zhixing.shtml? d_ID=61591.

③ 参见《青海省人民政府办公厅关于做好农民工等人员返乡创业工作的实施意见》(青政办〔2015〕241号)，见 http://www.gov.cn/zhengce/2016-02/22/content_5044502.htm.

移民、退役军人及其他登记失业的城镇就业困难人员创业奖励 5 000 元；农民工等城乡其他人员创业奖励 2 000 元。

东南沿海省份抓住“互联网＋”发展的契机，将促进农村青年创业与发展电子商务结合起来，鼓励农村青年返乡开展电子商务创业。2015 年 3 月，浙江省人力资源和社会保障厅发布《浙江省人力资源和社会保障厅关于促进农村电子商务创业就业的通知》（浙人社发〔2015〕33 号）[①]，规定在校大学生及毕业 3 年以内高校毕业生从事农村电商经营并通过网上交易平台实名注册认证的，可按《浙江省高校毕业生网络创业认定暂行办法》（浙人社发〔2013〕199 号）[②] 申请网络创业认定，按规定享受不超过 30 万元的小额担保贷款贴息扶持政策，贷款期限最长为 3 年，其中，按规定办理就业登记和依法缴纳社会保险费的，给予 5 000 元的一次性创业补助。其他农村电商创业人员申请网络小额担保贷款的，可按规定给予贴息。2015 年 9 月，江苏省发布《江苏省政府办公厅关于支持农民工等人员返乡创业的实施意见》（苏政办发〔2015〕94 号）[③]，目标是到 2017 年，培育和创建一批农村电子商务示范县，将整合发展农民工返乡创业园纳入全省创业基地建设统一规划，重点打造 50 个农民工返乡创业示范园，扶持农民工等人员成功自主创业 9 万人，带动就业 30 万人。

2. 鼓励留学人员创业政策

2015 年 9 月，黑龙江省制定《黑龙江省留学回国人员择优资助管理办法》[④]，择优资助来黑龙江省工作，在自然科学和社会科学领域从事科学研究、产业开发、技术改造，对黑龙江省重点产业（领域）和经济社会发展起到推动和决策咨询作用的人员，对资助项目分为重点类和启动类，分别给予 10 万元和 3 万元的资助。

2016 年 2 月，上海市人民政府印发修订后的《鼓励留学人员来上海工作和创业的若干规定》（沪府发〔2016〕8 号）[⑤]，为符合条件的来上海创业的留学人员提供办理居住证、子女入学教育、社会和医疗保险等优惠政策，并提供专项资金支持。同时，上海市还鼓励外国留学生毕业后直接在上海创新创业。根据上海市《关于深化

---

① 参见《浙江省人力资源和社会保障厅关于促进农村电子商务创业就业的通知》（浙人社发〔2015〕33 号），见 http：//www.zhejiang.gov.cn/art/2015/4/7/art_13862_199482.html.

② 参见《浙江省高校毕业生网络创业认定暂行办法》（浙人社发〔2013〕199 号），见 http：//www.jiaxing.gov.cn/srlsbj/zcwj_5693/gfxwj_5694/201312/t20131209_297119.html.

③ 参见《江苏省政府办公厅关于支持农民工等人员返乡创业的实施意见》（苏政办发〔2015〕94 号），见 http：//www.gov.cn/zhengce/2015-09/18/content_5045170.htm.

④ 参见《黑龙江省留学回国人员择优资助管理办法》，见 http：//www.gov.cn/zhengce/2015-09/02/content_5053525.htm.

⑤ 参见《鼓励留学人员来上海工作和创业的若干规定》（沪府发〔2016〕8 号），见 http：//www.gov.cn/zhengce/2016-02/01/content_5058923.htm.

人才工作体制机制改革促进人才创新创业的实施意见》[①]，在上海地区高校取得硕士及以上学位且到上海自贸试验区、张江国家自主创新示范区就业的外国留学生，经上海自贸试验区、上海市张江高新技术产业开发区管委会出具证明，可直接申请办理外国人就业手续和工作类居留许可。在国内高校毕业的具有本科及以上学历的外国留学生在上海创业，可申请有效期 2 年以内的私人事务类居留许可（加注“创业”），其间被有关单位聘雇的，可按照规定办理工作类居留许可。

3. 鼓励电子商务领域创业政策

2014 年 10 月，浙江省发布《浙江省人力资源和社会保障厅等 10 部门关于印发浙江省大学生创业引领计划实施方案（2014—2017 年）的通知》（浙人社发〔2014〕147 号）[②]，提出要加大网络创业扶持力度。深入实施电商换市发展战略，建立健全各级网商协会，加强对大学生网络创业的指导和服务。完善网络诚信评价系统，建立网商诚信档案，开展网商行业信用评价，促进网商诚信经营。健全大学生网络创业认定办法，探索建立网络创业、就业统计标准和办法。加大网络创业扶持力度，按规定落实网络创业小额担保贷款和贴息、创业补助等政策。加强电子商务人才培养和评价工作，争取到 2017 年，培训电子商务专业人员 8 万人，培养高级电子商务职业经理人 800 人，为浙江省电子商务和大学生网络创业新一轮快速发展提供专业人才支撑。

根据《云南省人力资源和社会保障厅等九部门关于实施云岭大学生创业引领计划的通知》（云人社发〔2014〕150 号）[③]，云南省为在电子商务平台从事网店经营的大学生提供网店补贴，对毕业学年和离校未就业高校毕业生开办网店，持续经营半年以上，且月收入超过当地最低工资标准的，经认定后，一次性给予 2 000 元资金补贴。对在电子商务网络平台开办“网店”的高校毕业生，可按照规定享受小额担保贷款和贴息政策。

上海市也在《上海市人民政府办公厅关于印发上海市鼓励创业带动就业三年行动计划（2015—2017 年）的通知》（沪府办发〔2015〕43 号）[④] 中，对电子商务领域创业制定了相应的鼓励政策。对于已进行工商注册登记的网络商户创业者，可同

---

① 参见《上海市关于深化人才工作体制机制改革促进人才创新创业的实施意见》，见 http://www.lm.gov.cn/InnovateAndServices/content/2015-07/07/content_1081097.htm.

② 参见《浙江省人力资源和社会保障厅等 10 部门关于印发浙江省大学生创业引领计划实施方案（2014—2017 年）的通知》（浙人社发〔2014〕147 号），见 http://www.lm.gov.cn/InnovateAndServices/content/2015-01/16/content_1029668.htm.

③ 参见《云南省人力资源和社会保障厅等九部门关于实施云岭大学生创业引领计划的通知》（云人社发〔2014〕150 号），见 http://www.lm.gov.cn/InnovateAndServices/content/2014-09/12/content_978184.htm.

④ 参见《上海市人民政府办公厅关于印发上海市鼓励创业带动就业三年行动计划（2015—2017 年）的通知》（沪府办发〔2015〕43 号），见 http://www.shanghai.gov.cn/nw2/nw2314/nw2319/nw11494/nw12331/nw12343/nw33213/u26aw45374.html.

等享受上海市各项创业就业扶持政策。未进行工商登记注册，但在网络平台实名注册、稳定经营且信誉良好的网络商户创业者，可按规定申请最高15万元的创业贷款担保及贴息政策。未进行工商登记注册的网络商户上海市创业者及其从业人员，可按灵活就业人员参保缴费办法，参加社会保险。

4. 创业金融相关政策

地方政府出资引导创业投资的初次尝试始于20世纪末。1999年8月，上海市政府批准成立了上海创业投资有限公司，并在2000年至2001年间投资设立具有基金性质的机构，其设立与运作是我国政府出资引导创业投资的最早尝试。2002年1月，中关村管委会出资设立的“中关村创业投资引导资金”，是我国第一只由政府出资设立的具有“引导”名义的创业投资引导基金。该基金初期规模为5亿元，资金来源于中关村管委会的财政资金，2005年，中关村最先建立了政府创业投资引导资金的母基金运作方式。2007年，中关村政府创业投资引导资金与4家创投基金陆续设立了参股子基金，子基金以市场化的方式运行。中关村创业投资引导资金的运行模式也成为后续大部分政府引导基金运行模式。①

（1）各省市创业金融相关支持政策

近年来，各省市响应中央的政策，纷纷制定了金融方面的创业支持政策，主要包括拓宽直接融资渠道，建立多层次资本市场，发展创业投资引导基金，丰富创业企业融资手段等。

陕西省在《陕西省人民政府办公厅关于进一步稳金融支撑促经济发展的意见》（陕政办发〔2015〕51号）② 中提出，要拓宽企业融资渠道。深入实施“双推双增”融资工程，强化企业直接融资培训，引导企业利用中期票据、短期融资券、集合票据等债务工具融资。支持符合条件的企业上市融资。鼓励省内企业到“新三板”挂牌。研究出台扶持政策，发挥陕西区域性股权交易中心作用，促进企业股权交易。推进民营银行设立。开展股权众筹融资试点。支持省金控集团设立产业发展基金，加强对省内重点产业、重大项目融资支持。

河南省郑州市在《郑州市金融支持小微企业发展（暂行）办法》（郑政文〔2013〕191号）③ 中规定，（1）由市金融办牵头，从人民银行郑州中心支行、驻郑金融机构

---

① 参见《400亿新兴产业创投基金将投入运作 社会资本首次进入》，见http://finance.sina.com.cn/roll/2016-09-04/doc-ifxvqcts9398700.shtml.

② 参见《陕西省人民政府办公厅关于进一步稳金融支撑促经济发展的意见》（陕政办发〔2015〕51号），见http://knews.shaanxi.gov.cn/0/104/10999.htm.

③ 参见《郑州市金融支持小微企业发展（暂行）办法》（郑政文〔2013〕191号），见http://www.xinmi.gov.cn/sitegroup/root/html/ff808081158ecabb0115920126be0059/20131017165193900.html.

企业库、上市后备企业库、“新三板”后备企业库、科技型小微企业库中，筛选2 000家左右符合产业政策、发展潜力大、市场前景好的小微企业，建立郑州市小微企业名录库，重点向参与试点的银行、保险机构推荐，并作为贷款风险补偿基金和创业投资重点支持对象。对名录库实行动态管理。2014 年 4 月，郑州市政府金融办和国泰君安创新投资有限公司签署小微企业创业投资基金合作框架协议，市政府出资 1 000 万元引导资金，按照 1∶50 比例放大，由国泰君安发起募集总规模为 5 亿元、首期 2 亿元的小微企业创业投资基金，主要投资于名录库内小微企业，这标志着国内首只定位于服务小微企业发展的创业基金正式启动。[①]（2）成立郑州市小微企业债券增信服务公司，探索建立小微企业债券发行增信机制，有效提升小微企业的信用等级；鼓励信托公司发行小微企业集合资金信托计划，支持符合条件的国有企业和政府投融资公司发行“小微企业增信集合债券”；推动有条件的小微企业运用中小企业集合债券、中小企业私募债券等债务性融资工具进行融资；鼓励成长性好、经营管理规范、信用度较高的小微企业发行中小企业集合票据和中小企业区域集优票据，实现“统一冠名、统一申报、统一利率、统一担保、统一评级、统一发行、分别负债”的“抱团融资”。（3）为了弥补银行、保险机构支持发放小微企业贷款的损失，郑州市政府还设立了风险补偿基金资金。该资金来源由三部分组成：市、县（市、区）、开发区财政预算安排的专项资金，其中市财政 2 年内分批安排 2 亿元，各县（市、区）、开发区 2 年内分期安排不少于 1 000 万元的配套资金，并视贷款增长及效果每年安排适量的专项后续补充资金；驻郑银行业金融机构每年缴纳营业税地方留成部分的 2%用于补充风险补偿基金；上级补助、专项拨款、社会捐助等其他资金。通过风险补偿基金的方式一定程度上减少金融机构发放小微企业贷款的损失，提高金融机构支持小微企业间接融资的积极性。

新疆维吾尔自治区在《新疆维吾尔自治区人民政府办公厅关于金融支持小微企业发展的实施意见（暂行）》（新政办发〔2013〕 92 号）[②] 中提出，要大力丰富和创新小微企业金融服务方式。支持小微企业进行股权融资。对小微企业改制上市、赴全国中小企业股权转让系统、新疆区域性股权交易市场挂牌，从自治区企业上市政策引导专项资金中给予相应补助。积极推进外商股权投资企业（QFLP）和区域性国际合作基金支持小微企业发展。加快多层次资本市场建设，支持新疆股权交易中

① 参见《郑州出资千万设立国内首只小微创业引导基金》，见 http：//henan. sina. com. cn/finance/cjnews/2014 - 04 - 23/0837114768. html.

② 参见《新疆维吾尔自治区人民政府办公厅关于金融支持小微企业发展的实施意见（暂行）》（新政办发〔2013〕 92 号），见 http：//www. xinjiang. gov. cn/xxgk/gwgb/zfwj/2013/224830. htm.

心开展金融创新活动。设立自治区多层次资本市场发展基金，用于支持新疆区域性股权交易中心市场开展创新金融工具研发、宣传和推广活动，为小微企业提供服务。《新疆维吾尔自治区促进股权投资类企业发展暂行办法》（新政办发〔2010〕187号）[①] 进一步规定，为培育更多成长性企业，吸引更多直接投资，自2010年起，自治区财政每年在预算内安排2 000万元的专项资金，用于培育发展股权投资企业，培育进入非上市公司股权登记管理中心的成长性企业。对重点企业要提供政策性金融服务，包括鼓励和引导直接股权投资、支持各类债务和债券融资、促进金融服务创新等。自治区相关部门要根据国家有关规定研究制定外资股权投资类企业的注册登记、外汇管理、产业投资和退出机制，支持外资股权投资企业在自治区发展；研究支持股权投资类企业投资中西亚国家项目的办法。

《北京市中小企业创业投资引导基金实施暂行办法》[②] 规定引导基金投资创业投资企业的条件及退出方式。(1) 创业投资机构作为发起人发起设立创业投资企业时，满足以下条件的可以申请引导基金的股权投资：实收资本在5 000万元人民币以上，所有投资者以货币形式出资；有明确的投资领域；至少有3名具备5年以上创业投资或相关业务经验的专职高级管理人员；至少有3个对中小企业投资的成功案例，即投资所形成的股权年平均收益率不低于20%，或股权转让收入高于原始投资20%以上；管理和运作规范，具有严格合理的投资决策程序和风险控制机制；按照国家企业财务、会计制度规定，有健全的内部财务管理制度和会计核算办法；承诺出资设立的创业投资企业重点投资于符合北京城市功能定位和相关产业政策、产业投资导向的创业期科技型、创新型中小企业。(2) 引导基金在参股创投企业稳定运营后，可通过下列途径完成退出：将股权优先转让给其他股东；公开转让股权；参股创投企业到期后清算退出。参股创投企业其他股东或投资者自引导基金投入后3年内购买引导基金在参股创投企业中的股权的，转让价格参照引导基金原始投资额；超过3年的，转让价格参照引导基金原始投资额与按照转让时中国人民银行公布的1年期贷款基准利率计算的收益之和。参股创投企业到期后清算，引导基金以所持股权比例获取本金和收益。参股创投企业发生破产清算，按照法律程序清偿债权人的债权后，剩余财产首先清偿引导基金。

---

① 参见《新疆维吾尔自治区促进股权投资类企业发展暂行办法》（新政办发〔2010〕187号），见 http://www.xjks.gov.cn/Item/23830.aspx.

② 参见《北京市中小企业创业投资引导基金实施暂行办法》，见 http://gjss.ndrc.gov.cn/gjsgz/200907/t20090730_677486.html.

《浙江省创业风险投资引导基金管理办法》[①] 规定浙江省创业风险投资引导基金规模为5亿元人民币，主要通过阶段参股和跟进投资等方式实施投资运作，其中跟进投资的资金比例不得高于30%。重点引导创投基金或创业投资企业投向电子信息、生物医药、先进制造、新能源、新材料、环保节能、高效农业、现代服务业等符合浙江省高新技术产业发展规划的领域，引导创业投资企业重点投资处于初创期、既有风险又具成长性的科技型中小企业创新创业。

《福建省创业投资引导资金管理实施办法（试行）》[②] 规定在福建境内工商部门注册，并实际投资于福建境内企业的创业投资企业，可申请创业投资风险补偿。创业投资风险补偿的标的为创业投资企业的实际投资额，补偿额度计算式子为：补偿额度＝实际投资额×补偿比例；补偿比例＝年度引导资金中用于风险补偿的资金总额÷核定的年度创业投资实际投资总额。接受省内外创业投资咨询服务机构服务的省内创业企业，可以申请创业投资管理服务补助。创业投资管理服务补助的标的为服务合同额，补助额度计算式子为：补助额度＝服务合同额×补助比例；补助比例＝年度引导资金中用于管理服务补助的资金总额÷核定的年度创业企业接受管理服务合同总额。

（2）地方政府引导基金发展情况

目前，我国创业投资引导基金的政府引导作用日益增强、运作模式日趋完善，其发展已步入繁荣期（见图5-1）。2015年，各地方政府纷纷积极主导设立政府引导基金，设立主体也由省级单位逐渐延伸至市级及区级单位，掀起了发展政府引导基金的新浪潮。各地方政府设立的各类政府引导基金如雨后春笋般涌现，遍及科教文化、产业投资等各个领域，出现了一批诸如“一带一路”、PPP、文创、产业引导等主题基金。在政府引导基金的设立形式上，各地方政府根据投资方向和重点，设立股权投资基金、产业投资基金、天使投资基金等。股权投资基金有东莞长安产业股权投资基金、龙岩市产业引导股权投资基金、重庆市产业引导股权投资基金；产业投资基金有集美区产业引导基金、唐山市产业投资引导基金、荆门市市级产业引导基金等；天使投资基金有重庆市天使投资引导基金、上海天使投资引导基金、青岛天使投资引导基金等。

根据清科集团私募通所统计的数据[③]，截至2015年12月底，我国国内共成立780支政府引导基金，基金规模达21 564.47亿元，平均单支管理规模为27.99亿元。如图5-2、图5-3所示，其中，省级政府引导基金的规模最大，226支基金规模总额达

① 参见《浙江省创业风险投资引导基金管理办法》，见 http://gjss.ndrc.gov.cn/gjsgz/200906/t20090630_677484.html.

② 参见《福建省创业投资引导资金管理实施办法（试行）》，见 http://gjss.ndrc.gov.cn/gjsgz/200907/t20090730_677487.html.

③ 参见《清科排名：2016政府引导基金排名启动在即，解密万亿规模引导基金市场格局》，见 http://research.pedaily.cn/201601/20160128393065.shtml.

到 9 980.37 亿元人民币。而地市级政府设立的引导基金数量最多，共有 417 支，规模总计达 8 243.00 亿元。

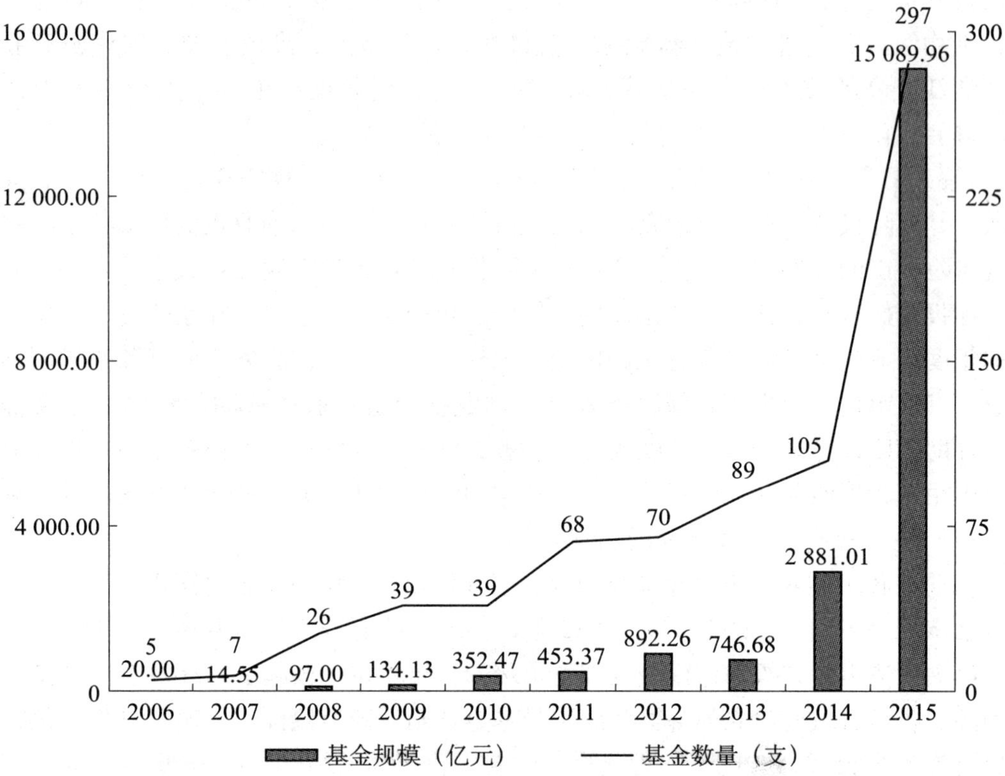

图 5-1　2006—2015 年政府引导基金设立情况比较

数据来源：私募通 2016.01，www.pedata.cn

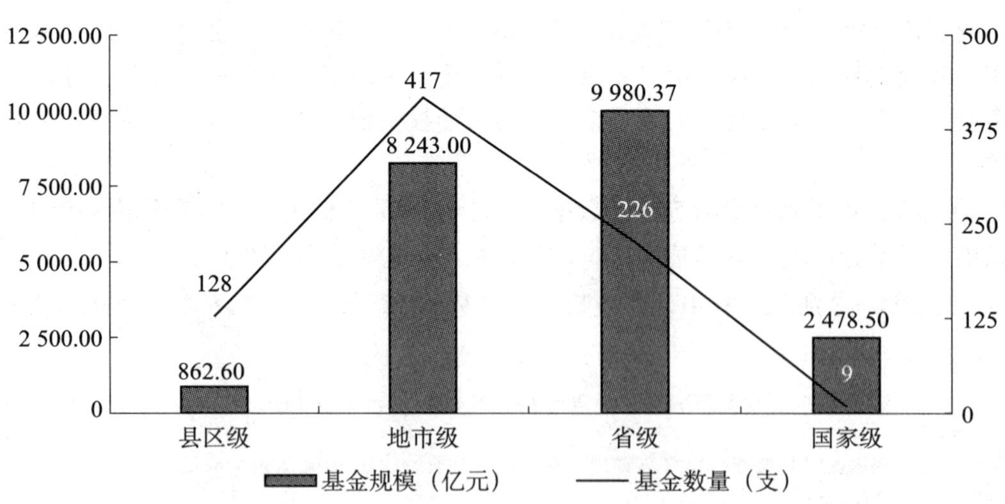

图 5-2　2006—2015 年政府引导基金设立级别分布情况

数据来源：私募通 2016-01，见 www.pedata.cn.

综观我国引导基金的区域分布，可以看到，近年来北京、上海、深圳、江苏等VC/PE发展较好城市的政府引导基金发展势头强劲，同时民间企业与产业园区云集的一些二线城市也先后跟进创立政府引导基金扶持当地产业发展。总体而言，在经济发达的东部地区引导基金设立密集，而中、西部经济欠发达地区设立的引导基金相对较少。具体来看，江苏和浙江地区是中国政府引导基金设立最密集的省份，云集了大批地市级、区县级引导基金。环渤海地区中，北京、天津、山东地区引导基金设立较多。中西部地区引导基金起步时间较晚，但近几年也逐渐活跃起来，湖北、四川、陕西、内蒙古是引导基金设立数量较多的地区，并不断出现十亿级规模以上的引导基金。偏远地区也成立了政府引导基金，如西藏2012年成立了西藏自治区创业投资引导基金，新疆成立了新疆维吾尔自治区科技风险投资基金和乌鲁木

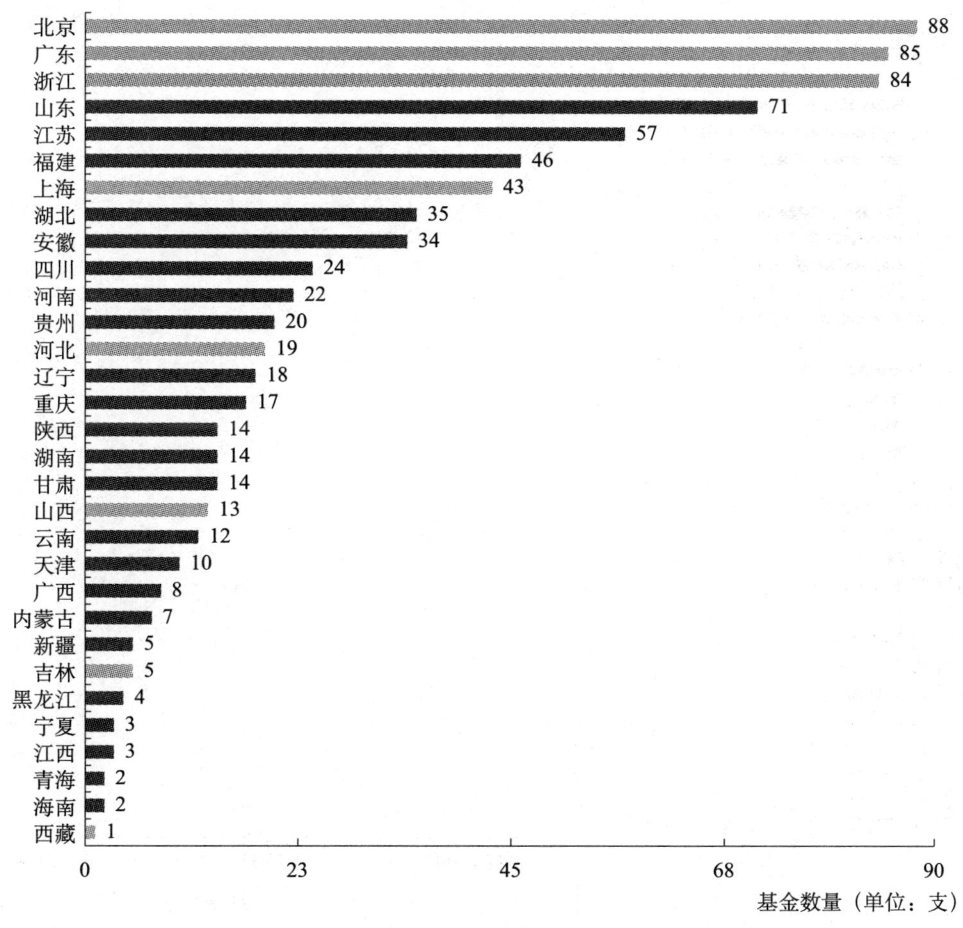

图5-3　截至2015年末政府引导基金地域分布情况

数据来源：私募通2016-01，见www.pedata.cn.

齐市科技型中小企业投资引导基金，广西成立了南宁北部湾引导基金，宁夏于2014年成立了宁夏政府引导基金。目前，我国政府引导基金已形成以长三角、环渤海地区为聚集区域，并由东部沿海地区向中西部地区全面扩散的分布特征，中西部地区成为政府引导基金设立新的沃土。此外，政府引导基金有逐渐往区县级扩展趋势，尤其以长三角地区为典型。

从设立数量来看，如图5－3所示，北京地区累计成立88支政府引导基金，居各地区之首；另外广东和浙江地区引导基金设立相对活跃，基金数量分别为85支和84支。从基金设立规模来看，如图5－4所示，湖北以5 471.28亿元稳居各省之首，紧随其后的是北京和广东，基金规模分别为4 367.25亿元和1 451.83亿元。

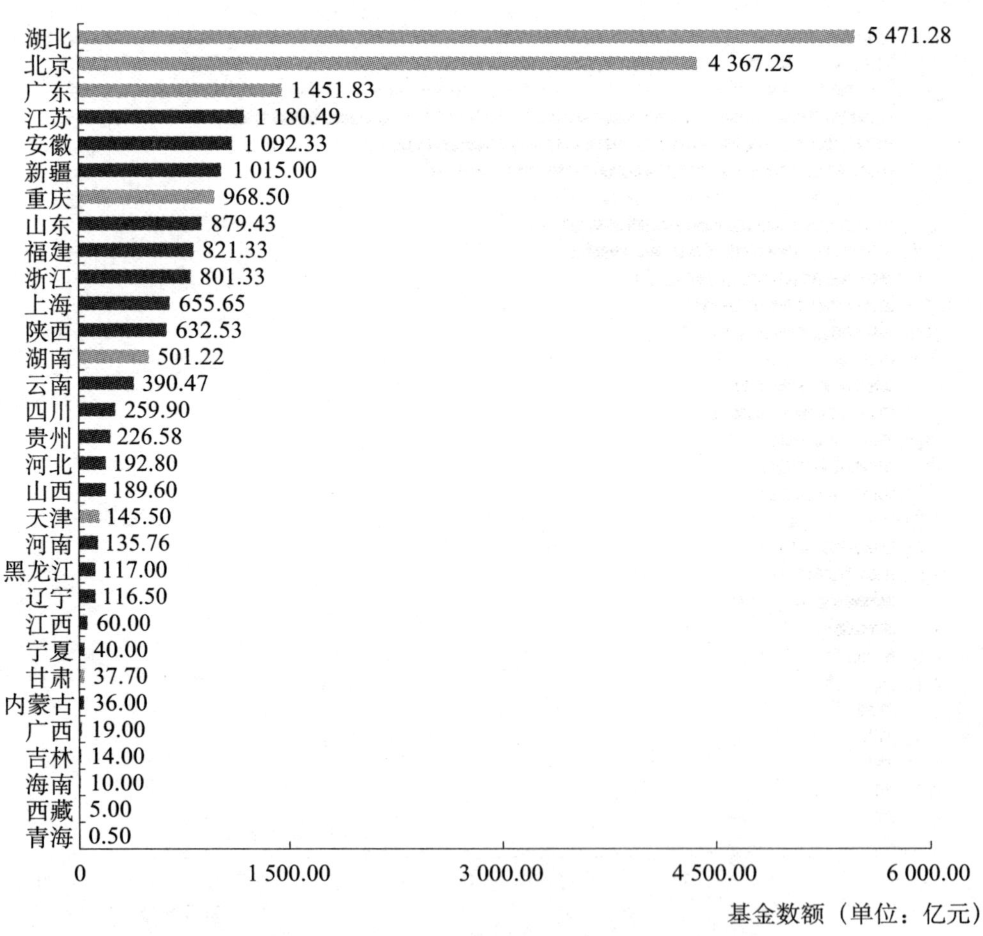

图5－4　截至2015年末政府引导基金地域分布情况

数据来源：私募通，2016－01，www.pedata.cn.

根据清科集团旗下私募通的排名，2015 年中国政府引导基金 20 强如表 5－5 所示：

表 5－5　　2015 年中国政府引导基金 20 强

排名	基金名称	排名	基金名称
1	中关村创业投资引导基金	11	上海嘉定创业投资引导基金
2	重庆市产业引导股权投资基金	12	中关村天使投资引导基金
3	深圳市创业投资引导基金	13	浙江省转型升级产业基金
4	厦门市产业引导基金	14	上海市天使投资引导基金
5	山东省股权投资引导基金	15	青岛市市级创业投资引导基金
6	北京市中小企业创业投资引导基金	16	贵州省创业投资引导基金
7	广东省战略新兴产业创业投资引导基金	17	深圳市福田引导基金
8	上海市创业投资引导基金	18	中关村现代服务业引导基金
9	杭州市创业投资引导基金	19	重庆市天使投资引导基金
10	国家科技成果转化引导基金	20	湖北省创业投资引导基金

数据来源：私募通 2016－01，见 www. pedata. cn.

5. 各高校创新创业政策：为大学生提供“机会＋指导”双重帮助

北京大学：向创业者提供后续创业辅导及投融资支持

2015 年，北京大学创新学堂平台全面启动“千城万堂，千校万师”计划，通过与新华网等领先机构与企业密切协同，与各地主管部门签订合作协议，将 4G 创新教育推广至各地方学校与社区，让每个人有受到高品质创新创业教育的机会。

其实早在 2008 年，北京大学就创办了创新研究院，从创新与创业这个领域开始探索第四代教育模式，即“干中学，学中创”的协同创新教育模式。北京大学与中关村实施的“创新学堂”4G 教育模式，真正实现“人人学创新，万众共创业”。4G 教育的核心是“向学生学”的创新教育。学生和老师的评价方式会改变，学习互动的方式会改变，创造与分享的方式会改变，生活与工作的方式会改变。

北大教授蔡剑介绍说，“课堂思辨＋网络互动＋大赛训练＋创业实践”的 4G 创新创业教育方法，将“课堂思辨”作为核心，独创五色创新思维理论；“网络互动”即与课程配套使用的“创新学堂”网络平台，学生不但可以自学创新创业课程，还可以进行真实互动服务和交易；“大赛训练”即国际青年创新大赛，已帮助了数十万青年创新创业；“创业实践”即向创业者提供后续创业辅导及投融资支持，每学期有多个课上学生创业项目获得了天使或风险投资并高速成长。

清华大学：投入使用全球最大的校园创客空间

2017 年 10 月 15 日，清华大学李兆基科技大楼落成并投入使用，这是专门为学校的创客提供创新创业培育孵化的基地，也是目前全球最大的校园创客空间。

清华大学创新创业教育平台包括学生科技兴趣团队、创+、i. Center 以及 X-lab 等。此外学校还为参与创新创业的学生制定了全新的课程培养方案，打破院系间壁垒，进行跨学科的专业选修，并设计了专业学位课程，学生在进修后还可以获得专业学位。

清华大学“三创平台”兴趣团队是 2010 年由学生自发创办的学生社团，目前已有团队 20 余支，人数逾 600 人。

i. Center 由清华基础工业训练中心与校内各院系和校外合作单位联合成立。主要开展工程训练实践和创客教育，每年有近 2 000 学生参加教学活动，90%是本科生。

X-Lab 是清华大学新型创意创新创业人才发现和培养的教育平台，于 2013 年成立。截至 2015 年 5 月底，已经有超过 1 万人次的清华及社会的青年学生参与了 X-Lab 的各类活动，600 多个来自清华在校生和校友的项目加入清华 X-空间，经过其培育，所有注册公司的项目融资金额已经突破 3 亿元。

浙江大学：搭建以浙商企业家“导师带徒”为核心模式的实践平台

浙江大学充分发挥学科综合优势和区域创新创业资源优势，形成了涵盖启蒙、培训、竞赛、交流、孵化、实践的全方位创新创业教育体系，有效促进了学习与实践、创新与创业、智本与资本等深度融合，激发了学生的活力和潜能。

通过建设“浙江大学硅谷创业实验室”“全球创业管理硕士”“创业管理博士点”等项目，打造高端创业教育品牌。充分依托创新技术研究院、工业技术研究院、大学科技园、技术转移中心等各类科研成果转化平台，为学生提供项目凝练、团队建设、市场拓展、风险管控等全方位的指导和服务。

汇聚一流创新创业导师，通过优化考核激励机制，推动更多名家大师上讲台、编教材、带学生；通过实施“求是强鹰”实践成长等计划，搭建以浙商企业家“导师带徒”为核心模式的实践育人平台。建立大学生创业与教师创新成果转化对接机制，探索师生共同创新创业的新模式。积极争取天使投资人、风险投资机构、政府各类扶持资金支持，设立创新创业扶持基金。拓展校外创业空间，与地方政府、企业共建大学生实践基地、创业苗圃、创客空间。建立浙江大学创业学院，打造创业教育、创业实训、创业孵化一体的高端平台。

武汉大学：发起设立1亿元“珞珈创新天使基金”

2017年11月10日，政府、学校、校友三方签署合作备忘录，三方最终达成一致：由武汉大学资产经营投资管理有限责任公司出资1 000万元，武昌区人民政府拟以国资投资平台出资2 000万元，武汉珞珈校友企业联盟有限公司向武大校友募集7 000万元，共计1亿元人民币。优先支持武汉大学师生和校友在武昌区注册的创新创业项目和科技成果转化项目，部分可对社会开放。

早在2003年，武汉大学在全国率先提出“创造、创新、创业”教育的新理念，并渗透到本科教学的各个环节，开创性地实施学分制、主辅修、双学位、创新学分等制度，鼓励学生自主发展，引导他们参与科研训练、创新创业训练。

近年来，武汉大学每年投入300万元专项经费，用于支持大学生各级各类学科竞赛、创新创业实践活动。2014年，学校还专门设立1 000万元大学生创新创业教育专项资金，投入560万元对大学生创业实践中心进行全面装修。该中心可容纳近100个创新创业团队，所有学生均可带项目申请免费进驻。

杭州职业技术学院：设立100万元护犊资金

杭州职业技术学院出台了《护犊资金管理办法（试行）》，对创业失败学生给予经济补助。文件明确规定，由学院出资100万元设立护犊资金，用于保护大学生的创业激情和创业利益，帮助资金出现困难的大学生创业企业渡过难关，为创业失败、符合要求的大学生提供不超过5万元的无偿资助。

东华大学：建立了上海高校首个大学生众创空间

东华大学与上海市科委、市教委以及新车间等创业服务机构合作，建立了上海高校首个大学生众创空间，牵头建设上海高校大学生文化创意创业联盟。每双周五定点组织创业指导站活动，由校内导师、校外创业指导专家和企业家为学生提供专业性、实践性的创业咨询指导。

从2003年开始实行完全学分制为休学创业提供制度保障，参加科技创新活动的可以认定创新学分。于2009年成立上海市大学生科创基金会东华大学分基金会，目前总资金1 200万元，并形成了5 360万元的创新创业扶持基金，支持学生创业。

（三）各省政策比较

为响应国家关于大学生创业的有关政策，各省市也制定了相应的政策，以下分别选取东部、东北、东南、西南、西北代表性省份，对各省出台的创业政策进行相应的对比。见表5-6。

表 5-6　主要省份创业政策对比

省份	覆盖人数	创业教育	创业培训	工商登记和开户便利	财政资金支持	完善公共创业服务体系	推进创业孵化基地建设
广东	5 万人	把创新创业教育融入人才培养体系，贯穿人才培养全过程；推进创新创业教育示范校建设，力争2014—2017年全省建设40所示范校。鼓励有条件的高校设立创业学院。	鼓励有创业愿望、有培训需求的学生参加创业培训（实训），支持有条件的高校开发适合大学生的创业培训（实训）项目，并给予补贴。 加强创业培训师资队伍建设，指导创业培训机构创新培训方式，积极推行创业模拟实训和创业案例教学。 力争2014—2017年全省平均每年组织大学生参加创业培训（实训）的人数在2万人以上。	放宽工商登记条件，财务先照后证、注册资本认缴登记制。将企业年检制度改为年度公示报告制度。为大学生办理工商登记开辟绿色通道。	在广东省参加培训并取得合格证书的大学生，给予最高每人1 000元补贴；对成功创业的大学生给予5 000元一次性创业资助。对租用经营场地创业的大学生给予最长不超过3年的租金补贴。评选省级优秀创业项目，每个给予5万～20万元资助。	加强创业服务信息化建设，统一发布相关优惠政策和业务指南。鼓励有条件的高校建立大学生创业指导站。对留学人员回国创业开展针对性服务，帮助他们了解国内信息，熟悉创业环境、交流创业经验，获得政策支持。	鼓励和支持高校新建或利用现有场地资源改造建设创业孵化基地，力争到2017年，有条件的高校都建立一个以上创业孵化基地。鼓励各地在高校集中或产业聚集的地区建设综合性创业孵化基地。在全省重点扶持建设10个创业孵化基地。

续前表

省份	覆盖人数	创业教育	创业培训	工商登记和开户便利	财政资金支持	完善公共创业服务体系	推进创业孵化基地建设
辽宁	2.6万人	各高校要设置专门机构负责创业教育的教学组织与管理，积极开发创业类课程，建立和完善创业教育课程体系；重视创业实践活动；加强创业教育专职教师及创业导师的培养；深化“大学生就业创业报告季”活动。	以有创业意愿的大学生为重点，编制专项培训计划；鼓励有条件的高校征集适合大学生的创业培训项目，并纳入本地区创业培训计划。对按要求开展培训的，给予创业培训补贴。在全省范围内以省就业网为依托搭建创业培训网上模拟实训平台，进一步强化案例教学和创业实务训练，对符合条件的参训大学生实施免费培训。	为大学生创业办理注册登记开辟“绿色通道”。提供“一条龙”便利服务。放宽创业经营场所要求。改进金融服务，为创业大学生办理企业开户手续提供便利。	对符合条件纳入YBC辽宁青年创业项目的初次创业大学毕业生，根据实际情况提供3万～5万元的无息无抵押创业资金，3年内分期偿还。对没有进入到孵化基地或创业园的大学生，给予不超过2年的3 000～6 000元的租金补贴。	加强创业政策的宣传解读并提供咨询服务；建立健全青年创业辅导制度；开发校园创业网、开设大学生创业论坛，鼓励创业指导专家与大学生在网上进行实时交流与指导服务；建立创业大学生俱乐部、联谊会等交流平台；广泛开展针对高校毕业生的创业大讲堂、创业大赛、创业成果展等活动；进一步完善青年创业项目库，定期开展项目对接服务。将在电子商务网络平台注册网店的大学生纳入创业扶持范畴。	全省每年至少为1 000名大学生创业项目提供孵化服务，对达到省规定且吸纳大学生创业企业数达到入驻企业数40%以上的创业孵化基地，省财政在原有基地运营费用补助基础上给予增加。

续前表

省份	覆盖人数	创业教育	创业培训	工商登记和开户便利	财政资金支持	完善公共创业服务体系	推进创业孵化基地建设
宁夏	3 210 人	在普通本科院校推行“创业基础”课程，并纳入高校人才培养计划；不断丰富创业教育形式，开展灵活多样的创业实践活动；切实加强师资队伍建设。	各级公共就业服务机构要组织有创业愿望的大学生免费参加创业培训；组织开展形式多样的大学生创业竞赛活动，积极开展在校大学生创业培训服务。每年全区组织2 000名左右大学生开展以“创办你的企业（SYB）+创业实训”为主要内容的创业培训。	放宽注册资本登记条件，放宽经营场所限制，金融机构要为创业大学生办理单位银行结算账户、转账、贷款等业务提供便利。	创业大学生可办理不超过10万元的小额担保贴息贷款，期限不超过2年，到期可展期一年；符合条件的小微企业可申请最高不超过200万元的小额担保贷款，并享受财政贴息。应届高校毕业生从事创业项目，正常经营1年以上，可给予6 000元创业补贴。大学生创办企业每新招用1名高校毕业生，签订1年以上劳动合同并缴纳社保，给予一次性补贴5 000元。	建立健全创业公共服务政府采购机制并加强绩效管理。建立健全大学生创业辅导制度。采取多种方式搭建大学生创业者交流平台。 积极引导大学生参加创业竞赛活动，有条件的地区可定期举办创业大赛。 为创业大学生提供人事和劳动保障事务代理服务。 为在电子商务平台网络注册网店的大学生提供政策支持和服务。 对留学回国人员开展针对性服务。	对每年在孵大学生创业实体不少于25户、提供就业岗位不少于180个、孵化成功率不少于60%的大学生创业孵化园，给予50万元补助。大学生创业孵化园每三年认定一次。

续前表

省份	覆盖人数	创业教育	创业培训	工商登记和开户便利	财政资金支持	完善公共创业服务体系	推进创业孵化基地建设
山东	不少于6万人	高校要积极建立创业学院；严格落实创业教育课程不低于32学时和2个学分规定；鼓励大学生积极参与各类创业创新大赛；开展省级示范创业大学评选认定工作。	优化整合创业培训实训资源，积极组建创业大学，系统实施创业培训实训计划，开展网络实战、沙盘模拟、创业团队协作等实训项目。对有创业意愿的大学生实行创业项目、创业规划、创业技巧和创业信心等“一对一”指导。	落实注册资本认缴登记制，推行电子营业执照和全程电子化登记管理；完善工商登记“绿色通道”；落实减免行政事业性收费政策；银行业金融机构为创业大学生办理企业开户手续提供便利和优惠。	为自主创业大学生提供最高额度10万元、创办符合条件的小微企业提供最高额度300万元的小额贷款。对还款及时、无不良信贷记录的，允许再申请一次不超过2年的小额担保贷款。 2013年10月1日以后登记注册并正常经营一年以上的小微企业，给予不低于1万元的一次性创业补贴，每创造一个就业岗位给予2 000元岗位开发补贴。	依托各级、各类大学生创业孵化基地（园区）设立大学生创业服务中心，提供一站式服务。 积极开发建设大学生创业项目资源库，择优为有创业意愿的大学生推荐项目。	每年开展评估省级大学生创业孵化示范基地和大学生创业示范园工作，并对已通过评估认定的实施绩效评价，动态管理，对促进创业带动就业的给予资金奖补。每年评估认定20处省级创业孵化示范基地、创业示范园区，根据入驻企业个数和吸纳就业人数，给予每处不超过500万元的一次性奖补资金；对不合格的单位取消示范资格。

续前表

省份	覆盖人数	创业教育	创业培训	工商登记和开户便利	财政资金支持	完善公共创业服务体系	推进创业孵化基地建设
上海	不少于2万人	各高校将创新创业教育纳入学校人才培养方案，促进专业教育与创新创业教育有机融合。加强创业教育实践平台建设，制定实施创业培训实践计划，有意向创业的大学生创业教育实践参与率不低于95%。同时，设置合理的创新创业学分，建立创新创业学分积累和转换制度；推行弹性学制，放宽学生最长修业年限，允许有意向创业的大学生调整学业进程、保留学籍休学创业；组建专兼结合的创业教育师资队伍，从教学考核、职务聘任、培训培养、经费支持等方面给予倾斜支持。有条件的高校建立创新创业教育教研机构，积极探索开发适合本校特点的创业教育课程体系，支持学生开展研究性学习、创新性实验、创业计划和创业模拟活动，丰富创业教育形式。	丰富创业培训的内容和模式，探索将上海市高校开发的、适合大学生创业特点的创业理论教育课程，纳入创业培训体系的机制；已接受创业理论教育的大学生，可直接参加创业模拟实训内容的培训。鼓励高校、培训机构、社会组织开发适合青年大学生的创业培训项目。将政府补贴创业培训的对象范围扩大到上海市高校在校学生。	深化商事制度改革，降低创业注册门槛。落实注册资本认缴登记制，放宽出资方式。积极推进“先照后证”工作，减少工商登记前置审批。探索推进“三证合一”，实施统一的社会信用代码。优化登记方式，继续推行集中登记、一址多照等经营场地登记制度。研究推广自贸试验区企业“单一窗口”登记制度，优化登记流程。完善网上登记系统，加快推进工商注册登记全程电子化。	发挥上海市大学生科技创业基金的政策效应，将基金扶持的对象范围扩大到高校毕业5年以内在沪创业的高校毕业生。研究制订港澳台大学生在沪创业资助办法。将小额担保贷款调整为创业担保贷款，其对象范围扩大到本市高校在校及毕业且在沪实现创业的青年大学生。符合条件的对象，按规定可以申请个人最高50万元、法人最高200万元的创业贷款担保，其中20万元以下的创业贷款免于个人担保。贷款期间稳定就业岗位的，还可根据吸纳本市就业情况，给予一定额度的利息补贴。	各级公共创业服务机构不断完善政策咨询、创业指导、办事受理、补贴发放等“一站式”公共创业服务；将创业服务工作延伸到高校，与高校合作建立创业指导站，并给予一定的经费支持。不断优化和充实创业指导专家、创业导师团队，支持具有创业经验和社会责任感的企业家、投资人，为创业者和初创企业开展形式多样的创业辅导和创业咨询。适时表彰一批优秀的创业指导专家和创业导师。	充分发挥创业孵化示范基地的示范引领作用。不断完善上海市各类创业孵化基地、园区的场地支持、创业辅导、投融资对接等全方位多层次的创业孵化服务功能。组织开展市级创业孵化示范基地的认定工作，委托社会中介机构对创业孵化成效进行分级评估，并根据评估结果，给予适当的经费补贴，所需资金从市就业专项资金中列支。

续前表

省份	覆盖人数	创业教育	创业培训	工商登记和开户便利	财政资金支持	完善公共创业服务体系	推进创业孵化基地建设
四川	3.5万人	各高校要积极开展业务知识和能力培训，努力培养一支专业化、高水平、高素质的创业教育师资队伍；要进一步拓宽创新创业指导课的覆盖面，科学安排课程时间和内容，丰富授课方式，全面普及创新创业知识，并纳入学分管理，使所有大学生都接受创新创业教育，培养创新创业意识。 各地要积极组织开展“青春创业大讲堂”“创业指导进校园”等活动，充分激发大学生创业热情。	各地人社部门要加强与教育部门和高校的衔接，以创业愿望强、有一定创业潜力和培训需求的大学生为重点，编制专项培训计划，组织有资质的培训机构开展培训。积极整合校内外资源，共同推动实施“逐梦计划”等大学生创新创业实践培训项目。对成功创业的大学生，组织参加“我能飞”四川省大学生成功创业者提升培训，增强经营管理能力，提高创业企业的存活率。对参加创业培训的大学生，按规定给予创业培训补贴。	落实注册资本认缴登记制，拓宽企业出资方式，放宽住所（经营场所）登记条件，推行电子营业执照和全程电子化登记管理。完善工商登记“绿色通道”，为创业大学生办理营业执照提供便利。对符合条件的大学生小额经营者，免予工商登记，实行社区备案。对符合条件的创业大学生，按规定减免登记类、管理类和证照类等有关行政事业性收费。	认真落实小额担保贷款政策，简化反担保手续，重点支持吸纳大学生较多的初创企业。鼓励设立大学生创业投资基金，对支持创业早期企业的投资，符合规定条件的给予所得税优惠或其他政策鼓励。 落实大学生创业补贴和创业吸纳就业奖励政策，充分发挥中小企业发展专项资金的作用。 充分发挥四川省科技创新苗子工程专项资金对大学生创新创业的支持作用。	在公共就业服务场所、政务服务中心设立大学生创业服务窗口。组建创业指导专家队伍，建立创业项目库，提供一条龙创业公共服务。 各地、各高校要充分发挥大学生创新创业俱乐部等交流平台作用。定期举办“挑战杯”系列竞赛和高校毕业生创业大赛并引导大学生参加。 为创业大学生提供人事和劳动保障事务代理服务。 要充分发挥留学人员回国服务工作体系的作用，对留学回国创业人员开展针对性服务。	充分利用现有资源，建设大学生创新创业园区（孵化基地）。各高校要积极建立大学生创新创业俱乐部，提供专门场地，并在部门综合预算中统筹安排经费予以保障。对建立大学生创新创业园区（孵化基地）和俱乐部的地方和高校，有关部门要积极给予对口支持和业务指导。各地要鼓励、支持大学生创业企业入驻小企业创业基地。对入驻企业给予生产厂房租赁补贴。

续前表

省份	覆盖人数	创业教育	创业培训	工商登记和开户便利	财政资金支持	完善公共创业服务体系	推进创业孵化基地建设
云南	2.5万人	将创业教育融入人才培养体系；积极开发开设创新创业类课程，并纳入学分管理；开展灵活多样的创业实践活动；切实加强师资队伍建设。确保2017年前，所有高校全部系统开展创业教育。	将普通高等院校毕业前2年的学生纳入培训对象范围，2014年—2017年，每年组织1万名以上大学生进行创业培训。要积极开发适合大学生的创业培训项目；切实加强创业培训师资队伍建设；积极推行创业模块培训、创业案例教学和创业实务训练；进一步完善和落实创业培训补贴政策。	高校毕业生注册登记个体工商户、合伙企业、独资企业不受出资数额限制。非货币资产可作为企业注册资本。减免登记类和证照类等有关行政事业性收费。	无偿资助。每年评选100个毕业生自主创业经营实体，给予每个项目3万～5万元无偿资助。 二次贷款贴息。对经“贷免扶补”或小额担保贷款政策扶持，稳定经营2年以上、带动就业5人以上、偿还贷款记录良好、并按期纳税的优秀大学生经营实体，每年评审1 000个，协调金融机构再次给予2年期50万元以内的贷款扶持，按照人民银行公布的同期贷款基准利率的60%给予贴息。 场租补贴。对毕业学年和毕业后1年的高校毕业生自主创业，未享受大学生创业园区孵化的经营实体，给予5 000元的场租补贴。 网店补贴。对毕业学年和离校未就业高校毕业生开办网店，持续经营半年以上，且月收入超过当地最低工资标准，一次性给予2 000元资金补贴。对在电子商务网络平台开办“网店”的高校毕业生，可按照规定享受小额担保贷款和贴息政策。	选拔一批青年创业导师，建立和完善省级“大学生就业创业导师库”，在网络服务平台上实现创业成果展示、创业导师资源共享。建设以大学生为重点的青年创业示范园。加大“贷免扶补”、小额担保贷款对自主创业大学生的扶持力度，完善“1+3”跟踪服务机制。开展创业公共服务、创业服务和大学生创业培训进校园活动。为创业大学生提供人事和劳动保障事务代理服务。	省级设立云南省大学生创业扶持资金，鼓励各地建设以大学生为重点的创业孵化基地园区，每年评审10个省级青年创业示范区，各补助100万元。鼓励各类开发区、产业园区、企业、高校等组织通过自建、合建、联建等方式，建设以大学生为重点的青年创业示范园，为创业大学生提供低成本的生产经营场所，提供全方位、阶梯型的创业孵化服务。

续前表

省份	覆盖人数	创业教育	创业培训	工商登记和开户便利	财政资金支持	完善公共创业服务体系	推进创业孵化基地建设
浙江	3万人	广泛开展创业教育，将创业教育课程纳入学分管理，根据大学生创业需求，采取多种形式开展以培养学生创新精神、创业意识和创业能力为核心的创业教育，组织高校学生参加各类创业实践活动。	加强创业教育培训和创业指导师资队伍建设，不断提升师资整体素质和服务水平。强化创业培训，鼓励支持有条件的高校等开发适合大学生的创业培训项目，使每一个有创业愿望和培训需求的大学生都有机会获得创业培训。在校大学生和高校毕业生在定点培训机构参加创业培训的，要按规定落实创业培训补贴。	各级工商部门要加强对大学生创业情况的统计，落实注册资本认缴登记制，放宽住所（经营场所）登记条件，推行电子营业执照和全程电子化登记管理。对符合条件的创业大学生，按规定减免登记类和证照类等有关行政事业性收费，简化登记程序。	将符合条件的大学生创业实体纳入中小企业发展专项资金、就业专项资金和人才发展专项资金的扶持范围。 鼓励企业、行业协会、群团组织、天使投资人等设立重点扶持大学生的天使投资和创业投资基金。 健全小额担保贷款省级补偿机制。对大学生在信用社区从事创业活动，符合条件的，可以免除反担保手续；对小额担保贷款回收率达到90%以上的信用社区（村），可给予适当奖励。 金融机构对在高新技术、绿色环保等行业创业者提供差异化利率。毕业两年以内的高校毕业生自主创业自筹资金不足的，可按规定申请小额担保贷款，其中从事微利项目的，给予100%贴息；从事其他项目的，困难家庭高校毕业生给予100%贴息，其他人员给予50%贴息。	鼓励创业服务机构为高校毕业生创业开展“一条龙”服务。加快大学生创业项目库建设，征集、评估、发布优秀大学生创业项目，建立健全创业导师队伍，推行创业导师制，通过信息平台汇总到浙江省大学生创业项目库和创业导师库，实现全省联网和信息共享。开展创业助力“1+4”行动，即争取为每一个有创业意愿且创业培训合格的大学生提供一个创业项目、推荐一名创业导师、协助落实一处经营场地、帮助办理一笔小额担保贷款，帮助创业者成功创业。	依托大学科技园、小企业创业基地、科技企业孵化器等现有资源，建设大学生创业园、留学人员创业园及各类创业孵化基地。2014—2017年，全省建设和认定省级大学生创业园（创业基地）30家、市级大学生创业园（创业基地）100家。在浙江省中小企业公共服务平台网络中开设大学生创业专栏。发挥“浙江省创业大赛”“浙江省大学生创业创新大赛”“浙江省大学生挑战杯”等特色创业大赛作用，选拔、展示、推广优秀创业项目。

(四) 2017年以来各省创新创业政策主要变化

2017年以来，政府对“双创”的扶持力度持续增加，扶持方式不断创新，使得国内创业环境继续保持良好。其中，完善创业金融、引入社会资本参与创业投资、发展创业载体、加强人才队伍建设以及鼓励返乡下乡创业成为各地促进创新创业发展的主要着力点。

进一步完善创业金融，提高金融支持创新的灵活性和便利性。

江苏省在《省政府关于做好当前和今后一段时期就业创业工作的实施意见》① 中提出，要落实好创业担保贷款政策，鼓励各地将个人贷款最高额度从10万元调整为不低于30万元，将支持范围从创办个体工商户、企业扩大到农民专业合作社、民办非企业单位和网络创业，合伙经营或创办企业的，可适当提高贷款额度。

内蒙古自治区在2017年8月2日发布的《内蒙古自治区创业担保贷款实施办法》② 中规定，将创业担保贷款对象范围在目前小额担保贷款对象范围基础上调整扩大为城镇登记失业人员、就业困难人员（含残疾人）、复员转业退役军人、刑满释放人员、高校毕业生（含大学生村官和留学回国学生）、化解过剩产能企业职工和失业人员、返乡创业农牧民工、网络商户、建档立卡贫困人口，并强调对上述群体中的妇女，应纳入重点对象范围；将现行适用于劳动密集型小企业的小额担保贷款政策调整为适用于所有符合条件的小微企业。

安徽省在《安徽省人民政府办公厅关于印发强化小微企业融资服务行动方案的通知》③ 中提出，鼓励银行业金融机构针对小微企业开展1年期以上中长期贷款，对于3年期（含）以上，用于企业技术改造项目的小微企业固定资产贷款，省级制造强省建设专项资金按照同期银行贷款基准率的40%予以贴息，每户企业贴息金融最高可达500万元；大力发展小微企业信用保险和小额贷款保证保险，大力推广保单质押贷款、“信贷+抵押（质押）+担保+保险”等信贷保险合作模式，争取到2020年，当年累积实现小额贷款保证保险100亿元；严格落实小微企业贷款尽职免责制度，对商业银行小微企业贷款不良率未高出自身各项贷款不良率

① 参见《省政府关于做好当前和今后一段时期就业创业工作的实施意见》（苏政发〔2017〕131号），见http://www.jiangsu.gov.cn/art/2017/10/10/art_46143_6092147.html.

② 参见《内蒙古自治区创业担保贷款实施办法》，见http://www.dlxzf.gov.cn/dlgovmeta/bmxzgk/gzbm/jyj/zfbgkml/tygkxx/201708/t20170802_1844996.html.

③ 参见《安徽省人民政府办公厅关于印发强化小微企业融资服务行动方案的通知》（皖政办秘〔2017〕229号），见http://www.ahjr.gov.cn:8081/web/display.aspx?id=2485.

年度目标 2 个百分点的，或小微企业贷款不良率不高于 3.5%的，不作为监管部门监管评级扣分因素；强化商业银行利率风险定价机制、独立核算机制、高效审批机制、激励约束机制、专业人员培训机制和违规信息通报机制建设，落实小微企业金融服务专营机构单列信贷计划、单独配置人力资源和财务资源、单独客户认定与信贷评审、单独会计核算的“四单原则”，提高小微企业贷款发放效率。

宁夏回族自治区人民政府印发的《自治区人民政府关于做好当前和今后一段时期就业创业工作的实施意见》① 中提出，对资信良好、贷款金额较少和市场前景评估较好的创业者个人，可降低反担保条件；对高校毕业生、高校及科研院所等事业单位专业技术类离岗创业人员、复转军人等申请个人创业担保贷款的，经担保机构审核评估后，可以探索取消反担保。鼓励金融机构开辟创业担保贷款绿色通道，根据创业担保贷款特点改进风险防控体系，进一步优化贷款流程，缩短贷款审批时间，严格执行创业担保贷款利率，推行信贷尽职免责制度，配合担保机构做好贷后管理工作。

天津市在 2017 年 8 月发布的《天津市人民政府关于做好当前和今后一段时期就业创业工作的实施意见》② 中规定，将面向个人的创业担保贷款期限延长至 3 年，将小额担保贷款政策扩大到所有符合条件的小微企业，贷款额度最高不超过 200 万元。2018 年 5 月，天津市在《关于促进大学生就业创业的扶持政策》③ 中规定，自主创业大学生在企业注册所在地可申请最高 30 万元的创业担保贷款，贷款期限不超过 3 年，按规定给予贷款贴息；对已成功创业且带动就业 5 人以上、经营稳定的创业者，可给予最高不超过 50 万元贷款再扶持。各省、自治区、直辖市“双创”扶持政策相关内容，如表 5 - 7 所示。

---

① 参见《自治区人民政府关于做好当前和今后一段时期就业创业工作的实施意见》（宁政发〔2017〕77 号），见 http://www.nx.gov.cn/zwgk/zfxxgkml/zhzw/201710/t20171026_535226.html.

② 参见《天津市人民政府关于做好当前和今后一段时期就业创业工作的实施意见》，见 http://www.tj.gov.cn/xw/ztzl/dzcy/zfwj/bdwj/201708/t20170830_3612595.html.

③ 参见《市人力社保局市财政局关于印发促进大学生就业创业扶持政策的通知》（津人社规字〔2018〕12 号），见 http://hrss.tj.gov.cn/ecdomain/framework/tj/mciakmldehicbbodidnlmldmhkighpdn/llhglblnkgjkbboejpinpopkpbhedemg.do?isfloat=1&disp_template=ccnjmfhhefpibbodjemcncephdmpjlhn&fileid=20180521170045689&moduleIDPage=llhglblnkgjkbboejpinpopkpbhedemg&siteIDPage=tj&infoChecked=0.

表 5－7　　2017 年以来各省、自治区、直辖市创业金融相关政策列表①

	政策内容
天津市	推广专利权质押融资，鼓励保险公司为科技型中小企业提供专利融资保证保险服务。研究完善《关于推动科创企业投贷联动试点工作的指导意见》，稳妥推进投贷联动试点工作。探索“政银担”合作机制，探索建立以风险补偿为核心的风险分担机制，提升担保行业的服务能力。推动天津市工商联民营企业上市融资服务平台汇集优秀服务机构为科技型企业提供上市辅导和投融资服务。 落实创业担保贷款政策，鼓励金融机构和担保机构依托信用信息，科学评估创业者还款能力，改进风险防控，降低反担保要求，健全代偿机制，推行信贷尽职免责制度。将面向个人的创业担保贷款期限由 2 年延长至 3 年，将现行适用于劳动密集型小企业的小额担保贷款政策扩大到所有符合条件的小微企业，贷款额度最高不超过 200 万元。
河北省	设立中小企业投融资服务中心，搭建中小企业投融资服务平台，设立一站式的投融资服务大厅，启动中小企业融资项目征集系统，举办融资服务推介会，开通服务热线，按照政府主导，市场化运作的原则，面向广大中小型企业，提供政策咨询服务、融资服务、财务顾问服务、资信评估服务、创新金融服务等全方位、多层次、多样化的一站式服务。 由保险机构、担保机构和银行三方按一定比例共同承担融资风险，形成贷款风险分摊机制为核心的专利权质押保险贷款新模式，大幅降低商业银行的放贷风险，提高银行以专利为质押向企业提供贷款的积极性。
山西省	加快金融创新。引导辖区银行业金融机构积极创新小微金融产品和服务，积极开展知识产权质押、应收账款质押、动产质押、股权质押、仓单质押、保单质押等抵质押贷款业务。研发适合小微企业发展的中长期固定资产贷款产品。加强与“互联网＋”融合，有效利用大数据，充分运用手机银行、网上银行等渠道为小微企业提供综合性金融服务，提高服务便利度。 积极支持我省中小企业对接“双创债”试点。认真贯彻落实证监会《关于开展创新创业公司债券试点的指导意见》（证监会公告〔2017〕10 号）中，对创新创业企业、创业投资公司发行公司债券实施专项审核、支持设置转股条款、鼓励业务创新等政策措施。
内蒙古自治区	加大创业担保贷款工作力度，创新创业担保贷款担保模式，在政策允许和风险可控的前提下，降低反担保要求，健全代偿机制，推行信贷尽职免责制度，推动金融机构及时为符合条件的创业者发放创业担保贷款。 支持地方性法人银行在符合条件的情况下在旗县（市、区）等基层区域增设小微支行、社区支行，支持商业银行改造小微企业信贷流程和信用评价模型，合理设置小微企业授信审批权限。

① 表 5－7 中所列的政策内容主要摘录自各省、自治区、直辖市发布的《关于强化实施创新驱动发展战略进一步推进大众创业万众创新深入发展的意见》《关于推广支持创新相关改革举措的通知》《关于做好当前和今后一段时期就业创业工作的实施意见》《关于支持返乡下乡人员创业创新促进农村一二三产业融合发展的实施意见》。

续前表

	政策内容
辽宁省	面向中小企业的一站式投融资信息服务。构建物理载体和信息载体，通过政府引导、民间参与、市场化运作，搭建债权融资服务、股权融资服务、增值服务三大信息服务体系，加强科技与金融融合，为中小企业提供全方位、一站式投融资信息服务。 贷款、保险、财政风险补偿捆绑的专利权质押融资服务。金融机构、地方政府等依法按市场化方式自主选择建立“贷款＋保险保障＋财政风险补偿”的专利权质押融资新模式，为中小企业专利贷款提供保证保险服务。
吉林省	搭建创业融资平台。扩大创业担保贷款扶持范围，延长贷款期限，简化贷款程序。鼓励金融机构和担保机构改进风险防控机制，健全代偿机制，推行信贷尽职免责制度，降低反担保条件。开展小微企业应收账款融资专项行动，加快推进中小微企业贷款贴息不担保业务。
黑龙江省	放大财政贴息担保贷款对创业的扶持作用。凡有创业要求并符合一定条件的就业重点群体和困难人员，可在创业地申请2年期最高额度为10万元财政贴息的创业（小额）担保贷款；对合伙经营和组织起来创业的，按人均10万元、实际贷款人数和额度分别给予2年期的担保贷款。对个人发放的创业担保贷款，在贷款基础利率基础上上浮3个百分点以内的，由财政给予贴息。对小微企业当年新招用各类就业困难人员达到企业员工的30%（超过100人的达到15%）以上并与其签订1年以上劳动合同的，给予为期2年、最高不超过200万元的担保贷款，财政部门按贷款基准利率的50%给予贴息。完善担保基金呆坏账核销办法，细化核销标准，提高代偿效率。简化担保贷款申请手续，开展网上申请和办理服务。
上海市	拓宽融资渠道。完善创业担保贷款政策，强化创业担保资金管理，健全担保资金持续补充机制和代位清偿资金核销机制。进一步扩大个人创业担保贷款政策范围，提高个人免担保额度，优化利息补贴办法。推进应收账款融资试点、投贷联动业务试点，有效满足创业融资需求。进一步发挥上海市大学生科技创业基金作用，通过降低资助门槛、提高资助标准等方式，加大对大学生创业的支持力度。加强征信知识教育引导，扩大高校毕业生融资渠道，完善融资服务政策体系。
江苏省	拓宽投资融资渠道。落实好创业担保贷款政策，鼓励各地将个人贷款最高额度从10万元调整为不低于30万元，将支持范围从创办个体工商户、企业扩大到农民专业合作社、民办非企业单位和网络创业，合伙经营或创办企业的，可适当提高贷款额度。 健全代偿机制，对贷款额度10万元以下（含10万元）的，由担保基金与经办银行按协议约定比例分担，最高全额代偿；贷款额度超过10万元的，由担保基金代偿不超过80%。
浙江省	无本年度相关政策
安徽省	打造创业担保贷款升级版，充分利用劳动者或小微企业信用信息，科学评估创业者还款能力，降低或免除反担保要求，稳妥开展“社保贷”试点。在初始创业者或小微企业自主提供反担保、自愿承担贷款利息的前提下，鼓励各地由创业贷款担保基金提供担保，个人贷款额度可提高至50万元，小微企业贷款额度可提高至400万元。改进风险防控，推行信贷尽职免责制度。引导金融机构开展应收账款、动产、供应链融资等创新业务，提供科技融资担保、知识产权质押、股权质押等方式的金融服务，拓宽创业投融资渠道。拓展省股权托管交易中心市场功能，为创业企业提供展示、股权转让、融资对接等综合金融服务。

续前表

	政策内容
福建省	健全普惠金融服务机制。引导银行业机构在总行授权范围内，结合辖区实际，合理设置小微企业授信审批权限，优化审批机制。在有效防控风险的前提下，尽可能贴近基层下放审批权限，提高小微企业金融服务效率。
江西省	落实创业担保贷款政策，降低反担保门槛，对创业项目前景好、但自筹资金不足且不能提供反担保的，允许对符合条件的采取信用担保或互联互保方式进行反担保。对采取信用担保的，还应对企业主户籍、房产、授信银行家数以及企业的环保达标状况、按时纳税情况等进行综合评估；对采取互联互保方式进行反担保的，反担保机构原则上以政府背景类担保机构为主。
山东省	大力发展创业担保贷款，符合条件的创业人员，可申请最高不超过10万元的创业担保贷款，期限最长不超过3年；符合条件的小微企业，可申请最高不超过300万元的创业担保贷款，期限最长不超过2年，按照规定给予贴息。在网络平台实名注册、稳定经营且信誉良好的网络创业人员，可按规定享受创业担保贷款及贴息政策。有条件的市可适当放宽创业担保贷款借款人条件，提高贷款利率上限。
河南省	加大对中小微企业金融支持力度。充分发挥大型银行机构和网点优势，在有效防控风险的前提下，合理赋予县域支行信贷审批权限，引导地方法人银行向小微企业集中地区延伸服务网点，在符合条件的区域增设小微支行、社区支行，提供普惠金融服务。推动银行打通线上线下金融服务链条，积极完善小微企业信贷流程和信用评价模型，合理设立授信审批条件，优化小微企业贷款审批政策，提高审批效率。
湖北省	金融机构、地方政府等依法按市场化方式自主选择建立“贷款＋保险保障＋财政风险补偿”的专利权质押融资新模式，为中小企业专利贷款提供保证保险服务。
湖南省	个人创业担保贷款最高额度调整为10万元；对符合条件的借款人合伙创业或组织起来共同创业的，按合伙创业或组织起来共同创业人数，每人贷款最高额度10万元，最高贷款额度50万元；个人创业担保贷款最长期限从2年调整为3年。为鼓励金融机构放贷，贷款利率可在人民银行公布的贷款基准利率的基础上适当上浮。
广东省	面向中小企业的一站式投融资信息服务。依托省中小微企业信用信息和融资对接平台，加强企业信用、政策扶持和投融资等信息共享，为中小微企业提供融资增信和银企对接服务。推动科技与金融融合，为中小企业提供全方位、一站式投融资信息服务。
广西壮族自治区	提供面向中小企业的一站式投融资信息服务。建立金融支持重点科技企业（项目）精准名录库。加强部门协作，鼓励全区各级政府与金融主管部门共同搭建信息沟通平台，筛选建立科技行业重点企业支持名录库，引导金融机构做好贷款项目的精准对接工作。建立科技企业“资金池”，引入政府、保险机构参与的科技企业增信机制，撬动银行信贷支持，实现科技企业信贷支持稳步增长。
海南省	实施好创业担保贷款贴息奖补政策，支持有条件的市县设立政策性融资担保机构，创造良好的融资环境。专项资金贴息的个人创业担保贷款，最高贷款额度为10万元，贷款期限最长可达3年。专项资金贴息的小微企业创业担保贷款，贷款额度由经办银行根据小微企业实际招用符合条件的人数合理确定，最高可达200万元，贷款期限最长可达2年。有条件的市县可设立高校毕业生就业创业基金，提供股权投资等服务。

续前表

	政策内容
重庆市	优化完善创业担保贷款政策，鼓励有条件的区县加大财政贴息资金投入，提高贷款额度上限或贴息比例，放大政策性贷款的惠民效应。优化完善政府公共就业创业服务机构、担保公司、承贷银行三方合作的政担银金融服务机制，继续推行政策性＋商业性组合贷款，对足额提供抵质押物或保证人的创业者免收担保费，满足创业者多元化的融资需求。
四川省	加大对各类创业主体的信贷支持，开展金融产品和服务模式创新。落实创业担保贷款政策，鼓励金融机构和担保机构依托信用信息，科学评估创业者还款能力，改进风险防控，降低反担保要求，健全代偿机制，推行信贷尽职免责制度。
贵州省	创业担保贷款政策优先用于支持我省大扶贫、大数据、大生态战略行动和农村“三变”改革的创业项目，以及具有扶贫带动效应的产业项目。鼓励金融机构和担保机构利用个人和小微企业信用信息，科学评估创业者还款能力，改进风险防控，探索建立土地承包经营权、林权、农村居民房屋产权“三权抵押”制度，通过互相担保信用社区等形式降低反担保门槛，健全代偿机制，推行信贷尽职免责制度。
云南省	建立担保基金持续补充机制，丰富和拓展贷款担保方式，探索引入商业担保（保险）机构参与小微企业贷款担保业务。扩大“贷免扶补”经办银行范围，提升贷款服务水平。将去产能企业分流职工和失业人员、网络商户和建档立卡贫困人口纳入创业担保贷款扶持对象范围。将贷款期限从 2 年延长至 3 年，对符合条件的贷款个人和企业按照规定给予财政贴息。
西藏自治区	创新金融产品，扩大信贷支持，鼓励在藏银行业金融机构转变服务方式，增强服务功能，针对不同行业、不同类型、不同发展阶段的小微企业，不断开发特色产品，提供“量身定做”的金融产品和服务，通过联保贷款、动产质押、应收账款质押等方式帮助企业获得更多信贷资金支持。支持在藏金融机构在符合条件的情况下延伸金融服务区域，在有条件的县（区）、乡（镇）增设营业网点，拓展金融服务的广度和深度。加快推进担保体系建设，鼓励有条件的地（市）壮大现有担保机构，引进区外有实力的信用担保公司，并协调完善相关配套政策。
陕西省	完善落实创业担保贷款政策，扩大金融机构合作范围，探索建立合作机构考核管理办法，健全代偿机制，推行信贷尽职免责制度。加快创业担保贷款信用乡村建设，免除孵化对象反担保手续或降低反担保要求。
甘肃省	研究制定甘肃省创业担保贷款实施办法，进一步创新创业担保贷款模式，在政策允许和风险可控的前提下，降低反担保要求，推动金融机构对符合条件的个人发放创业担保贷款，最高额度为 10 万元。对符合条件的借款人合伙创业或组织起来共同创业的，贷款额度可适当提高。根据小微企业实际招用人数合理确定创业担保贷款额度，最高不超过 200 万元。
青海省	凡在我省以个体、合伙经营和组织起来创业（含网络创业），且已办理《就业创业证》的城乡劳动者（不受户籍限制，外省来青创业者需办理《居住证》），以及当年新增就业岗位吸纳就业人数达到原有职工总数 20%（100 人以上的企业达到 10%）以上的小微企业，可按规定享受我省创业担保贷款扶持政策。

续前表

	政策内容
宁夏回族自治区	对资信良好、贷款金额较少和市场前景评估较好的创业者个人，可降低反担保条件；对高校毕业生、高校及科研院所等事业单位专业技术类离岗创业人员、复转军人等申请个人创业担保贷款的，经担保机构审核评估后，可以探索取消反担保。鼓励金融机构开辟创业担保贷款绿色通道，根据创业担保贷款特点改进风险防控体系，进一步优化贷款流程，缩短贷款审批时间。
新疆维吾尔自治区	适时推进工商银行在小微企业名录系统开设小微企业金融服务栏目，提供合作的银行业金融机构的小微企业金融信贷信息，推动建立线上申贷系统，提交贷款申请。推动银行业金融机构与当地工商部门、税务部门在符合法律法规规定、自主协商的前提下开展中小企业信贷信息、数据信息共享等合作。

1. 引导社会资本参与创业投资，形成市场化、多元化的资金来源

浙江省于 2017 年 4 月 17 日印发的《浙江省人民政府关于促进创业投资持续健康发展的实施意见》① 中提出，使市场在资源配置中起决定性作用和更好发挥政府作用，促进创业投资企业做大做强做优，加快培育一批具有国际竞争力和影响力的浙商创业投资品牌。具体内容包括：大力发展多元创业投资主体，加快形成具有浙江特色、充满活力的创业投资机构体系；鼓励和支持包括天使投资人在内的各类个人从事创业投资，鼓励成立政府或民间的公益性天使投资人联盟等各类平台组织，培育和壮大天使投资人群体，促进天使投资人与创业企业及创业投资企业的信息交流与合作，营造良好的天使投资氛围，推动天使投资事业发展；支持有实力的国有企业、民营企业、保险公司、大学基金等各类机构投资者在风险可控、安全流动的前提条件下，投资创业投资企业和设立创业投资母基金；按照依法合规、风险可控、商业可持续的原则，建立创业投资企业与各类金融机构长期性、市场化合作机制。

安徽省在《安徽省人民政府办公厅关于印发强化小微企业融资服务行动方案的通知》② 中提出支持小微企业对照多层次资本市场上市挂牌标准，开展股份制改造，鼓励有条件的地方给予一定补助；大力推动尚未达到上市条件的小微企业在全国股转系统和省区域性股权市场挂牌，力争到 2020 年，省区域性股权市场每年新增挂牌小微企业 100 家以上，年均帮助挂牌小微企业融资 10 亿元以上；支持小微企业开展债券融资，积极推动更多符合条件的小微企业依托各类债券市场，灵活运用多元化债券融资工具融资，力争到 2020 年，全省每年涉农涉小直接融资额不低于 50

① 参见《浙江省人民政府关于促进创业投资持续健康发展的实施意见》(浙政发〔2017〕12 号)，见 http：//www. zj. gov. cn/art/2017/4/19/art _ 32431 _ 291123. html.

② 参见《安徽省人民政府办公厅关于印发强化小微企业融资服务行动方案的通知》(皖政办秘〔2017〕229 号)，见 http：//www. ahjr. gov. cn：8081/web/display. aspx? id=2485.

亿元。健全省级股权投资基金体系。加快建成覆盖企业种子期、初创期、成长期、成熟期，全生命周期的省级股权投资基金体系；强化基金与项目对接，力争到2020年，全省累计使用省级股权投资基金资金不低于300亿元。

四川省人民政府办公厅于2017年9月26日印发的《四川省人民政府关于做好当前和今后一段时期就业创业工作的实施意见》① 中指出，充分发挥四川省创新创业投资引导基金作用，加强对科技型中小微企业的支持和培育。鼓励银行业金融机构在现有法律框架下，积极探索开展外部投贷联动业务，提升对科技创新企业金融服务能力。支持企业改制上市、挂牌，利用主板、中小板、创业板、“新三板”、天府（四川）联合股权交易中心及国外资本市场实现融资。促使天使投资、创业投资、互联网金融等规范发展，灵活高效满足创业融资需求。

新疆维吾尔自治区《关于印发自治区推广支持创新相关改革举措实施方案的通知》② 中提出，加强债权融资服务，支持企业发行绿色企业债券、创新创业公司债券，鼓励企业以PPP项目资产证券化方式融资。加强股权融资服务，培育上市挂牌后备企业资源，推进符合产业政策导向的战略性新兴产业相关企业在主板、中小板和创业板实现首次公开发行。

2. 加快发展创业载体，为创业者提供指导服务和政策支持（参见表5-8）

2017年3月，江苏省人民政府办公厅印发《全民创业行动计划（2017—2020年）》（苏政办发〔2017〕42号）③，提出每年遴选认定省级创业示范基地40个，累计建成留学回国人员创新创业园80家、各类创业载体不少于2 000家的目标，并提出培育创业公共平台、打造创业示范基地、强化创业项目开发等3项建设创业载体的具体行动。

2017年9月，山西省人民政府办公厅发布《关于建设省级大众创业万众创新示范基地的实施意见》（晋政办发〔2017〕109号）④，提出坚持创新模式，完善双创平台；以构建双创良好生态为目标，系统谋划、统筹考虑，结合各类双创支撑平台特点，支持建立多种类型的双创示范基地；探索创新平台发展模式，不断丰富平台服

① 参见《四川省人民政府关于做好当前和今后一段时期就业创业工作的实施意见》（川府发〔2017〕53号），见 http://zcwj.sc.gov.cn/xxgk/NewT.aspx? i=20170927190720-247656-00-000.

② 参见《关于印发自治区推广支持创新相关改革举措实施方案的通知》（新政办发〔2018〕年1号），见 http://www.xinjiang.gov.cn/2018/01/18/147158.html.

③ 参见《省政府办公厅关于印发全民创业行动计划（2017—2020年）的通知》（苏政办发〔2017〕42号），见 http://www.jiangsu.gov.cn/art/2017/3/12/art_46144_2545525.html.

④ 参见《山西省人民政府办公厅关于建设省级大众创业万众创新示范基地的实施意见》（晋政办发〔2017〕109号），见 http://www.shanxi.gov.cn/sxszfxxgk/sxsrmzfzcbm/sxszfbgt/flfg_7203/bgtgfxwj_7206/201709/t20170913_334769.shtml.

务功能，引导社会资源支持双创。《意见》指出，要依托双创资源集聚的区域、高校和科研院所、创新型企业等不同载体，鼓励社会各方面力量和资本投入双创平台建设，支持多种形式的双创示范基地建设。引导双创要素投入，有效集成高校、科研院所、企业和金融、知识产权服务以及社会组织等力量，统筹部署双创示范基地建设，发挥各自优势和资源，探索形成不同类型的示范模式。加强双创基地发展监测评估，完善制度设计，扩大示范范围，探索统筹各方资源共同支持建设双创示范基地的新模式。

2018 年 5 月，天津市人力资源和社会保障局在印发的《关于促进大学生就业创业的扶持政策》① 中，制定了给予大学生创业孵化基地补贴的政策措施。《政策》提出，对在本市有固定孵化场所、有依法建立的管理服务团队、创业孵化基地（园）建筑面积不少于 200 平方米、吸纳大学生创业企业 10 户（每户至少 2 人）的创业孵化基地，给予 30 万元的资金扶持。在此基础上，每新增 1 户大学生创业企业，再补贴 2 万元；对新增企业招用 2 人以上的，每新增 1 人按照每人 5 000 元的标准再给予补贴。对吸纳企业多、带动就业明显的大学生创业孵化基地，每年给予最高 500 万元的资金支持。截至 2017 年底，天津市大学生创业孵化基地达 106 家，在孵企业 1 887 家。②

表 5-8　　2017 年以来各省、自治区、直辖市创业孵化相关政策列表③

	政策内容
天津市	对在我市有固定的孵化场所，有依法建立的管理服务团队，创业孵化基地建筑面积不少于 200 平方米，吸纳大学生创业企业 10 户（每户至少招用 2 人），可认定大学生创业孵化基地，对符合条件的给予 30 万元资金扶持。在此基础上，每新增 1 户大学生创业企业，再补贴 2 万元；对新增企业招用 2 人以上的，每新增 1 人按照每人 5 000 元的标准再给予补贴。
河北省	加快推动众创空间、创业孵化基地、返乡创业园建设，为高校毕业生、失业人员、农村转移就业劳动力提供低成本、便利化、全要素创业服务，为入驻企业和创业项目提供 3 年的房租物业补贴。

① 参见《市人力社保局市财政局关于印发促进大学生就业创业扶持政策的通知》（津人社规字〔2018〕12 号），见 http://hrss.tj.gov.cn/ecdomain/framework/tj/mciakmldehicbbodidnlmldmhkighpdn/llhglblnkgjkbboejpinpopkpbhedemg.do?isfloat=1&disp_template=ccnjmfhhefpibbodjemcncephdmpjlhn&fileid=20180521170045689&moduleIDPage=llhglblnkgjkbboejpinpopkpbhedemg&siteIDPage=tj&infoChecked=0.

② 参见《天津大学生创业基地达 106 家，带动就业 6 545 人》，见 http://www.tj.gov.cn/xw/ztzl/dzcy/scdt/201712/t20171219_3618515.html.

③ 表 5-8 中所列的政策内容主要摘录自各省、自治区、直辖市发布的《关于强化实施创新驱动发展战略进一步推进大众创业万众创新深入发展的意见》《关于推广支持创新相关改革举措的通知》《关于做好当前和今后一段时期就业创业工作的实施意见》《关于支持返乡下乡人员创业创新促进农村一二三产业融合发展的实施意见》。

续前表

	政策内容
山西省	推进省级创业孵化示范基地、省级创业示范园区建设。对入驻创业实体数量多、孵化效果好的创业孵化基地，在省级奖补的基础上，有条件的市可由市级财政给予一定奖补。
内蒙古自治区	加快众创空间、创业园和创业孵化基地等建设，实施示范性创业园和孵化基地建设项目，到2020年，力争打造100个以上特色突出、功能完备、承载力强、具有示范和带动效应，与区域优势产业高度契合的创业园和孵化基地。各地可将具备条件的创业园和孵化基地，根据自治区有关规定纳入"以奖代补"项目扶持范围。
辽宁省	经市人力资源社会保障、财政部门认定并挂牌的市级创业孵化基地，基地面积达到1万平方米以上（含1万平方米，下同），入驻孵化对象60户以上，带动就业500人以上的，每年市政府给予150万元的补贴；面积达到5 000平方米以上，入驻孵化对象40户以上，带动就业300人以上的，每年市政府给予100万元的补贴；面积达到3 000平方米以上，入驻孵化对象30户以上，带动就业200人以上的，每年市政府给予70万元的补贴。按照谁主管、谁负责的原则，各县（市）区建成1 500平方米以上的县区级创业孵化基地（孵化园），每年由县（市）区政府给予20万元的补贴。
吉林省	建设一批创业孵化基地，对依法注册并符合条件的各级政府、省内高校和企业创办的创业孵化基地和创业园区，按规定给予资金扶持。
黑龙江省	推进创业孵化基地、众创空间建设，利用各级政府清理出来的非办公类资产和闲置楼宇资源改扩建、新建一批孵化基地，各级政府可租用存量商品房、厂房等社会资源建立孵化基地，鼓励企业自建、合建孵化基地。各地政府可根据创业孵化基地入驻实体数量和孵化效果给予一定奖补。
上海市	鼓励各区、各类产业园区和企业利用已有的商业商务楼宇、工业厂房、仓储用房等存量房产，改建为创业孵化基地和众创空间。鼓励各类孵化基地探索形成各具特色的孵化服务模式，适应市场需求，实现可持续发展。对符合条件的市级创业孵化示范基地、众创空间等创业载体，开展服务评估，落实奖补政策，促进创业服务提质增效。
江苏省	鼓励有条件的地方采取购置、置换、租赁、收回等形式，推动老旧商业设施、仓储设施、闲置楼宇、过剩商业地产转为创业孵化基地。建立县级以上创业示范基地评估认定制度，完善省级创业示范基地评估认定和跟踪管理机制。
浙江省	鼓励特色小镇、科技企业孵化器、众创空间、小微企业园区、创业孵化基地等平台为创业者提供政策咨询、创业培训、创业指导、融资等服务，创业孵化基地和创业孵化企业提供孵化服务的，可按实际成效给予补贴。各地要推进创业孵化示范基地建设，到2020年，认定100家省级创业孵化示范基地，省财政按孵化数量及成效给予每家省级示范基地最高30万元的一次性奖补。
安徽省	实施国家"双创"示范基地三年行动计划，建设一批高水平的创业创新示范基地。推进合肥国家级小微企业创业创新示范基地、皖南皖西乡村旅游创客示范基地建设。整合资源，发挥孵化基地资源集聚和辐射引领作用，细化各类孵化基地补贴、奖补等政策，为创业者提供指导服务和政策扶持。
福建省	加快国家级双创示范基地、省级示范创业创新中心、创业孵化基地、创业大本营、科技企业孵化器、众创空间和大学生创新创业基地等建设。鼓励个人、单位购置商业办公地产用于创业经营，作为众创空间等创新创业载体。依托国家级和省级高新技术产业开发（园）区及其他各类产业园区，对现有孵化器进行改造，拓展孵化功能，支持培育与上市公司、创投机构相结合的新型孵化器。

续前表

	政策内容
江西省	加大创业孵化基地建设资金投入力度，对评为全国创业孵化示范基地的给予一次性补助200万元，被评为省级创业孵化示范基地的给予一次性补助100万元。
山东省	支持各市结合本地实际，打造一批不同主题的特色小镇（街区），向创业者提供免费工位或场所。推广海尔集团、浪潮集团经验做法，鼓励大企业由传统的管控型组织向新型创业平台转型，利用自身资源优势，实施创客化、平台化改造，带动企业内部员工和社会创业者共同创业。
河南省	——
湖北省	推进龙头企业和领军企业围绕产业链建设创业孵化平台。各地可根据创业孵化基地入驻实体数量和孵化效果，给予一定奖补。按规定落实大学生创业孵化示范基地场租、水电费补贴政策。
湖南省	积极争取建设国家级“双创”示范基地，打造一批省级“双创”示范基地。加快发展市场化、专业化、集成化、网络化的众创空间，形成开放共享的科技创新创业服务平台。
广东省	——
广西壮族自治区	大力扶持创业孵化基地、众创空间等创业载体建设。对经认定为创业孵化基地的众创空间，给予2年的房租、宽带接入费补助。对认定为自治区级创业孵化示范基地的，给予100万元的奖补。各设区市可结合实际情况评估认定市级创业孵化示范基地，给予不超过50万元的奖补。
海南省	鼓励六类园区、各类院校和企业开展创业创新公共平台建设，在场所用地、基本设备设施、公共管理服务等方面给予扶持。推动闲置楼宇、过剩商业地产转为创业孵化基地，经所在市县商务、财政等有关部门认定，分别按规定给予相应的业主、孵化期中小创业企业适当的财政补贴和贷款贴息补助。通过“以奖代补”的方式着力打造、扶持一批创业孵化基地和重点示范众创空间。
重庆市	建立健全创业孵化基地年度评估和动态管理机制，对服务质量高、孵化成效好、带动就业多的创业孵化基地按规定给予一定奖补，孵化服务周期可延长至3年。对成功创建国家级创业孵化基地的，按规定给予一定的示范奖补。
四川省	——
贵州省	对促进创业带动就业成效明显的各类创业孵化基地（园区），认定为省级创业孵化示范基地的，从省级就业补助资金中给予一次性补助50万元；认定为省级农民工创业示范园的，从省级就业补助资金中给予一次性补助50万元；认定为省级农民工创业示范点的，从省级就业补助资金中给予一次性补助5万元。
云南省	实施省级创业园区建设升级计划，根据创业孵化基地入驻实体数量和孵化成功户数，在已认定的60个省级创业园区中，每年重点培育建设3个省级创业园示范基地，由省财政对每个示范基地给予不超过500万元的补助资金。
西藏自治区	支持具备条件的高校、职校、经开区、高新区等建设自治区级创业孵化基地、众创空间和创客空间，对经自治区人力资源社会保障、财政、科技、团委等部门统一认定的自治区级创业载体，根据相关规定，给予一次性建设资金和年度运行经费补助。鼓励国有企业特别是在藏央企搭建创新创业孵化平台，支持员工和社会创新创业。

续前表

	政策内容
陕西省	根据当期孵化成功创业实体数量和吸纳就业人数，给予创业孵化项目补贴，对被认定为省级、国家级创业孵化示范基地的，再给予一次性创业孵化奖补资金。支持开发区、工业集中区、高校和各类投资人创办创业创新基地，加快培育创新工场、创客空间、星创天地等各类创新孵化器，打造特色创业创新聚集区。创业创新基地和各类创业园区可参照创业孵化基地享受奖补政策。
甘肃省	2020 年前，全省建成 100 个以上省级创业就业孵化示范基地（园区），对符合条件的省上给予每个 60 万元奖励补助。
青海省	充分挖掘社会资源，加快创业孵化基地（园区）、众创空间、科技孵化器等建设，为创业者和小微企业提供生产、经营场地支持，对创业载体的房租、宽带接入费用和公共软件等给予适当财政补贴。也可利用符合条件的现有经济技术开发区、工业园区、高新技术园区、大学科技园区、小微企业孵化园等通过挂牌、共建等方式，认定为创业孵化基地。
宁夏回族自治区	积极开展创业孵化示范基地（含大学生、农民工创业孵化示范基地等）创建工作，对达到地级市创业孵化示范基地建设标准的，由所在地级市给予每个园区不低于 50 万元的一次性奖补；对达到国家和自治区创业孵化示范基地建设标准的，自治区给予每个孵化园区 100 万元的一次性奖补。
新疆维吾尔自治区	——

3. 加大人才引进力度，丰富人才引进形式，积累人才资源优势

贵州省：优化人才服务配套政策，打造“人才＋项目”联动引才新机制

2013 年，贵州省发布了《贵州省“百千万人才引进计划”实施办法》[①]，提出“百人领军人才计划”“千人创新创业人才计划”和“万人专业技术人才计划”，每年安排 2 亿元专项资金，用于领军人才、创新创业人才和专业技术人才的引进。除资金奖励、税收优惠和贷款贴息补助外，贵州省的人才引进政策中还纳入了职称评定、子女入学、配偶就业、医疗保障、社会保险、住房安置、科研服务、出入境和居留服务等一系列内容，优化人才发展的服务环境。

每年，贵州省人力资源和社会保障厅人才服务局会定期搜集梳理各地区、各部门、各单位人才需求信息，及时制定发布引才目录和项目榜单，通过各类引才活动和人力资源服务机构，紧扣人才（项目）需求实现精准引才、全面引才。[②] 2013 年

① 参见《贵州省“百千万人才引进计划”实施办法》，见 http：//www. gzsti. gov. cn/ArtcleDetail. aspx？ID＝216.

② 参见《“人才＋项目＋基金”精确定位》，载《贵州日报》，2017－03－26，见 http：//szb. gzrbs. com. cn/gzrb/gzrb/rb/20170326/Articel04004JQ. htm.

以来，贵州已经连续6年成功举办人才博览会。其中前5届人博会累计引进22 820名高层次人才和急需紧缺人才，现场签约人才引进合作项目300余个，强势开启“人博模式”，打造人才新磁场。[①]

2017年，贵州人才博览会人才项目路演活动创造性地提出了“人才＋项目＋基金”的引才新思路，为贵州省投资机构和人才项目成功搭建了直通平台。活动将引进人才（项目）与基金进行捆绑，并通过人才＋项目路演的方式，从“百千万人才计划”落地项目、各地各重点产业报送的重点项目中遴选出部分项目，邀请创投、风投、银行及产投等投融资机构参加洽谈，为高层次人才（项目）尽快落地见效搭建有效的投融资平台，不断探索形成“人才＋项目”联动引才新机制和“项目＋基金”互促引才新模式。[②]

宁波市：实施“3315计划”，引进高层次人才和高端创新创业团队

2011年，浙江省宁波市启动“3315人才计划”，预计用5～10年时间，以各类开发区、科研机构和留创园、研发园、创意园等为载体，引进并重点支持一批海外高层次人才和高端创业团队来宁波创新创业。2017年3月，宁波市委联合宁波市人民政府发布《关于实施人才发展新政策的意见》[③]，加大了对引进创业创新团队和海外高层次人才的政策支持力度。

《意见》规定，对入选的高端团队给予500万～2 000万元资助，对入选的海外高层次人才给予一次性100万元资助；实施“泛3315计划”，大力引进信息经济（电子商务）、港航物流、金融创投、文化体育、教育卫生、时尚创意、科技服务等城市发展急需的各类人才和团队，对入选的人才给予每人50万元资助，入选的团队给予100万～500万元资助；充分发挥企业引才用才主体作用，对企业全职新引进顶尖人才、特优人才、领军人才以及拔尖人才并签订5年以上劳动合同的，分别给予100万元、30万元、10万元、5万元引才资助。

支持“3315计划”人才（团队）创办企业快速发展。对入选“3315计划”人才（团队）创办企业自成立之日起，5年内成长发展较快、对宁波经济社会发展贡献度较大的，经认定后再给予企业最高500万元资助。对“3315计划”人才（团队）创办企业与券商、会计师及律师事务所签订上市（新三板挂牌）服务协议后完

① 参见《近五年来，贵州人才引进“很给力”》，载《贵州晚报》，2018-03-19，见http：//www.chinaguizhou.gov.cn/system/2018/03/19/016477226.shtml.

② 参见《贵州人博会首搭“人才＋项目＋基金”直通平台，现场签约逾6亿》，多彩贵州网，2017-03-25，见http：//www.gog.cn/zonghe/system/2017/03/25/015525446.shtml.

③ 参见《关于实施人才发展新政策的意见》，见http：//www.87188718.com/8718-utils-Contenttest-166-118412-3828.html.

成股份制改造，或股改后在经认定的股权交易中心托管的，给予个人或团队带头人50万元补助。根据我市进一步推进企业挂牌上市和上市公司兼并重组加快发展的有关政策，上述企业到经认定的股权交易中心挂牌并实现股权融资500万元以上的，给予企业30万元补助；实现新三板挂牌的给予企业50万元补助；在境内外成功上市的给予企业300万元补助。

西安市：开展就业创业“九个一”系列活动，打造国家创业创新人才高地

2017年3月29日，西安市全面启动“就业在古城、创业大西安”就业创业“九个一”系列活动，旨在营造良好就业创业氛围，全面推进就业创业工作追赶超越，优化就业创业环境，吸引更多以高校毕业生为主的优秀青年到西安就业创业、成长成才，使西安成为海内外青年人才创业创新的“天堂”，着力打造国家创业创新人才高地。①

“九个一”系列活动的具体内容包括：举办一场创业大赛；举办一期国际创客节；评选一批创业明星；建成一批就业创业服务平台；开展一系列就业创业校园行活动；举办一场高校毕业生求职大赛；开展一系列“雁归西安”农民工就业创业专项活动；帮扶一批就业困难人员实现就业。

4. 积极引进外籍人才，壮大创新创业人才队伍

广东省：创新海外人才引进方式，让广东成为外国人来华首选地

2018年3月1日，广东省人民政府办公厅印发《广东省推广支持创新相关改革举措工作方案的通知》(粤府办〔2018〕7号)②，就积极引进外籍高层次人才、鼓励引导优秀外国留学生在华就业创业的改革举措做出具体规定。

《通知》提出，鼓励引导优秀外国留学生在华就业创业，符合条件的外国留学生可直接申请工作许可和居留许可。落实人力资源社会保障部、外交部、教育部《关于允许优秀外籍高校毕业生在华就业有关事项的通知》(人社部发〔2017〕3号)等文件要求，对符合审批条件、在中国境内高校取得硕士及以上学位且毕业1年以内的外国留学生，以及在境外知名高校取得硕士及以上学位且毕业1年以内的外籍毕业生，按照程序发放《外国人工作许可通知》《外国人工作许可证》。同时，加强对用人单位监督、指导，确保外籍高校毕业生在粤就业工作稳妥实施。

积极引进外籍高层次人才，简化来华工作手续办理流程，新增工作居留向永久

① 参见《我市就业创业“九个一”系列活动全面启动，打造国家创业创新人才高地》，载《西安日报》，2017-03-30，见 http://epaper.xiancn.com/newxarb/html/2017-03/30/content_270359.htm?div=-1.

② 参见《广东省人民政府办公厅关于印发广东省推广支持创新相关改革举措工作方案的通知》(粤府办〔2018〕7号)，见 http://zwgk.gd.gov.cn/006939748/201803/t20180321_757306.html.

居留转换的申请渠道。落实国家外国专家局等4部门《关于全面实施外国人来华工作许可制度的通知》（外专发〔2017〕40号）等文件要求，简化申请材料，缩短办理时限，优化审批流程，推动实行一个窗口办理发放外国人来华工作许可证，为外籍高层次人才来华工作和创新创业开辟绿色通道，提高服务保障水平。同时，做好外籍高层次人才在粤工作居留向永久居留转换的各项工作。

2018年1月，广东开始实施外国人才签证制度，签证有效期为5～10年，可多次入境。除外国高端人才本人可申请人才签证外，其配偶及未成年子女也可以申请有效期相同、多次入境的相应种类签证。①

此外，为促进外国人才尽快融入当地社会，广东将研究制定外国人才来粤工作服务与管理办法。例如，健全符合来粤外国人才工作特点的社保管理制度，保障在粤外国人才按规定参加和享有基本养老、医疗等社会保险；外国人才参保缴费、办理社保关系接续、享受各项社保待遇等，与省内其他职工享有同等权利；鼓励用人单位以建立企业年金、购买商业保险等方式，提高外国人才养老及医疗保障水平。②

海南省：积极开展国际人才管理改革试点，完善国际人才管理服务

2018年5月，海南省发布《百万人才进海南行动计划（2018—2025年）》③，在国际人才引进方面也提出了具体的要求，指出要完善国际人才管理服务。《行动计划》提出，积极开展国际人才管理改革试点，放宽国际人才居留和出入境限制，符合认定标准的外籍和港澳台地区高层次人才及其配偶、未成年子女可直接申请永久居留，其他外籍人才可凭工作许可证明在口岸申请工作签证入境，在琼工作的外籍华人可按规定签发有效期5年以内的居留许可。探索构建与国际接轨的技能人才评价体系，允许外籍和港澳台地区技术技能人员按规定在琼就业、永久居留。鼓励在国内高校获得硕士及以上学位的留学生在琼就业创业。面向"一带一路"沿线国家扩大高校留学生规模。建立吸引外国高科技人才的管理制度。开辟结汇换汇绿色通道，国（境）外人才在海南的合法收入可汇至国（境）外。

在国际人才引进方面，海南提出的一系列举措包括：规范外国人来琼就业创业的管理，提高服务保障水平；符合我省经济社会发展需要的外国高层次人才和急需紧缺人才，以及符合"高精尖缺"市场需求导向的科学家、科技领军人才、国际企

① 参见《广东启动实施外国人才签证制度》，载金羊网，2018-01-15，见 http://news.ycwb.com/2018-01/15/content_25892286.htm.

② 参见《让广东成为外国人才来华首选地：创新海外人才引进方式，重点引进高精尖缺人才》，载南方网，2018-03-14，见 http://news.southcn.com/gd/content/2018-03/14/content_181088671.htm.

③ 参见《百万人才进海南行动计划（2018—2025年）》，载《海南日报》，2018-05-15，见 http://www.hainan.gov.cn/hn/yw/jrhn/201805/t20180515_2626873.html.

业家、专门人才和高技能人才等，经省外国专家局确认后可向我国驻外签证机关申请人才签证（R字签证），享受5年至10年多次入境，每次最长可达180天的停留期。如需要办理外国人来华工作许可证的，可享受以下便利，包括办理时限原则上自正式受理之日起2个工作日办结，最快可1个工作日办结；可根据聘用合同约定的工作期限，一次性签发有效期最长不超过5年的外国人来华工作许可证；申请工作许可不受年龄上限限制；申请工作许可时，最高学位（或最高学历）证书、无犯罪记录证明可采用承诺制，由本人签字承诺其真实有效性，免于提交各类公证和认证材料；允许国内高校获得硕士及以上学位的优秀外国留学生在琼就业创业，对工作经验不做硬性要求；允许外籍和港澳台地区技术技能人员按规定在琼就业、永久居留。

上海市：完善海外人才引进管理服务体系，实行更加积极、开放、有效的海外人才政策

上海市先后出台"人才20条""人才30条"、人才高峰工程行动方案、《鼓励留学人员来上海工作和创业的若干规定》《上海市海外人才居住证管理办法》《留学回国人员申办上海常住户口实施细则》《上海市浦江人才计划管理办法》等一系列政策文件，积极推进外国人来华工作许可制度和外国人才签证制度试点工作，不断完善海外人才引进管理服务体系。

2018年1月，公安部和上海市政府联合推出"上海出入境聚英计划（2017—2021）"，以吸引国家急需、紧缺的高端外籍人才为目标，在上海市先行先试三项出入境新政。[①] 政策内容包括：一、为顶尖科研团队中的外籍核心成员申请永久居留提供便利。即授予顶尖人才自主推荐权，为其组建科研团队提供支撑；二、允许"双自"和"双创"外籍人才兼职创新创业。即突破外国人只能在一家单位工作的限制，为外籍人才充分施展才能提供更加广阔的舞台；三、为全球外籍优秀毕业生来沪发展提供长期居留和永久居留便利。即外籍优秀毕业生，凭毕业文凭即可直接申请2年期居留许可；连续工作满3年并满足一定条件的，可申请永久居留。

5．鼓励返乡下乡创业，助力新农村发展建设

2015年，国务院办公厅发布《国务院办公厅关于支持农民工等人员返乡创业的意见》（国办发〔2015〕47号）[②]，提出促进产业转移带动返乡创业、推动输出地

---

① 参见《公安部批准"上海出入境聚英计划（2017—2021）"：三项出入境新政率先实施》，载上观新闻，2018-01-17，见https：//www.jfdaily.com/news/detail?id=77225.

② 参见《国务院办公厅关于支持农民工等人员返乡创业的意见》（国办发〔2015〕47号），见http：//www.gov.cn/zhengce/content/2015-06/21/content_9960.htm.

产业升级带动返乡创业、鼓励输出地资源嫁接输入地市场带动返乡创业、引导一二三产业融合发展带动返乡创业、支持新型农业经营主体发展带动返乡创业等五项主要任务。2016年，国务院办公厅发布《国务院办公厅关于支持返乡下乡人员创业创新促进农村一二三产业融合发展的意见》（国办发〔2016〕84号）[①]，进一步细化扶持政策，提出了简化市场准入、改善金融服务、加大财政支持力度、落实用地用电支持措施、开展创业培训、完善社会保障政策、强化信息技术支撑、创建创业园区（基地）等八项措施，鼓励和支持返乡下乡人员创业创新。2017年以来，各地也相应地制定了各具特色的支持返乡创业优惠政策。

山东：创新金融扶持方式，返乡创业者可申请10万元贷款

2017年10月18日，山东省人民政府办公厅印发《山东省人民政府办公厅关于支持返乡下乡人员创业创新促进农村一二三产业融合发展的实施意见》（鲁政办发〔2017〕72号）[②]，提出鼓励银行业金融机构开发符合返乡下乡人员需求的信贷产品和服务模式，落实财政贴息、融资担保、扩大抵押物范围等综合措施，解决返乡下乡人员创业创新融资难问题。

《意见》规定，符合条件的返乡下乡创业人员，可申请最高10万元的创业担保贷款，期限最长不超过3年，利率可在贷款合同签订日贷款基础利率的基础上上浮1个百分点，财政部门第1年给予全额贴息，第2年贴息2/3，第3年贴息1/3；符合条件的小微企业，可申请最高不超过300万元的创业担保贷款，贷款期限最长不超过2年，财政部门按照贷款合同签订日贷款基础利率的50%给予贴息。对还款及时、信誉良好的小微企业，可根据其资金需求情况给予不超过两年的展期担保支持，财政部门不予贴息。稳妥有序推进农村承包土地的经营权抵押贷款试点，有效盘活农村资源、资产和资金。加大对农业保险产品的开发和推广力度，探索开展价格指数保险、收入保险、信贷保证保险、农产品质量安全保证保险、畜禽水产活体保险等创新试点，完善风险保障机制，有效降低创业风险。

湖北：加大财政支持力度，大学生返乡创业可获20万资金支持

2017年9月17日，湖北省人民政府办公厅印发《省人民政府办公厅关于大力支持返乡下乡人员创业创新促进农村一二三产业融合发展的实施意见》（鄂政办发

① 参见《国务院办公厅关于支持返乡下乡人员创业创新促进农村一二三产业融合发展的意见》（国办发〔2016〕84号），见 http://www.gov.cn/zhengce/content/2016-11/29/content_5139457.htm.

② 参见《山东省人民政府办公厅关于支持返乡下乡人员创业创新促进农村一二三产业融合发展的实施意见》（鲁政办发〔2017〕72号），见 http://www.shandong.gov.cn/art/2017/10/18/art_2267_19220.html.

〔2017〕73号)[①]，提出各级各类强农惠农富农以及涉农财政支农项目和产业基金，都要尽可能将符合条件的返乡下乡人员纳入扶持范围，采取以奖代补、先建后补、贷款贴息、政府购买服务等方式予以积极支持。

《意见》规定，对符合条件的返乡下乡人员以及处于创业初期的创业者参加创业培训，按政策给予一次性创业培训补贴。对返乡下乡大学生自主创业，符合“高校毕业生（含非本地户籍）自毕业学年起3年内在我省初次创办小型微型企业或从事个体经营，领取工商营业执照正常经营6个月以上、带动就业3人以上”条件的，可给予5 000元的一次性创业补贴；自主创业并注册登记的在校大学生和毕业3年以内高校毕业生，按规定给予2万至20万元的资金扶持，所需资金从就业资金列支。对留学回国和外省籍返乡下乡大学生在我省自主创业，按规定享受现行大学生创业扶持政策。发展合作社、家庭农（林）场依法办理工商登记注册的，可按规定享受小微企业扶持政策，对评定为省级以上合作社示范社、示范家庭农（林）场的，给予相应的政策扶持。把返乡下乡人员开展农业适度规模经营所需贷款纳入农业信贷担保体系范围予以支持。

安徽：开展“接您回家”活动，引导在省外务工人员返乡就业创业

2018年2月1日至2月22日，安徽省人社厅在全省组织开展了“接您回家”活动。其中，以“创业造未来”为主题的活动中，各地分级组织返乡人员代表、创业精英代表和在外创业企业家代表恳谈会，宣讲创业政策，举办招商推介，帮助解决困难，引导更多的有一定经验、技术、资金的农民工返乡创业。举办返乡创业推介发布活动，向返乡创业人员推介创业政策、工业厂房、孵化器、城市综合体、电子商务平台、土地流转信息等创业资源，加大就业扶贫车间、扶贫驿站、扶贫基地招商推介力度，举办创业项目和脱贫攻坚对接活动，引导返乡农民工利用扶贫车间、扶贫驿站、扶贫基地创新创业。[②]

2017年8月22日发布的《安徽省人民政府办公厅关于支持返乡下乡人员创业创新促进农村一二三产业融合发展的实施意见》(皖政办〔2017〕19号)[③] 中，提出了实施返乡下乡创业创新主体培育工程，每年开展返乡下乡创业培训和创业辅导10万人次；到2020年，重点打造200个省级返乡下乡创业示范园区（基地），扶持返

① 参见《省人民政府办公厅关于大力支持返乡下乡人员创业创新促进农村一二三产业融合发展的实施意见》(鄂政办发〔2017〕73号)，见 http：//www. hubei. gov. cn/govfile/ezbf/201710/t20171009 _ 1210060. shtml.

② 参见《安徽省组织开展“接您回家”系列活动》，安徽省人力资源和社会保障厅，2018－01－17，见 http：//www. ah. hrss. gov. cn/web/news/322/131935. html.

③ 参见《安徽省人民政府办公厅关于支持返乡下乡人员创业创新促进农村一二三产业融合发展的实施意见》(皖政办〔2017〕19号)，见 http：//www. ah. gov. cn/UserData/DocHtml/1/2017/9/20/3827710876151. html.

乡下乡人员创业20万人，带动就业100万人以上的目标任务。

《意见》提出，实施农民工等人员返乡创业培训五年行动计划和新型职业农民培育工程、农村青年创业致富“领头雁”计划、现代青年农场主培养计划、贫困村创业致富带头人培训工程，开展农村妇女创业创新培训活动，培育创业创新主体。建立返乡下乡人员信息库，有针对性地确定培训项目，实施精准培训，提升其创业能力。各级人民政府要将返乡下乡人员创业创新培训经费纳入财政预算。支持大中专院校、农业产业化龙头企业、农民合作社、各类园区等建设培训实训基地，为返乡下乡创业人员提供创业实训服务。建立健全创业指导制度，从有经验和行业资源的成功企业家、职业经理人、电商辅导员、天使投资人、返乡创业带头人当中选拔一批创业导师，充实创业指导专家服务团队，为返乡下乡创业人员提供创业辅导。建立各类专家对口联系制度，对返乡下乡人员及时开展技术指导和跟踪服务。

甘肃：设立“绿色通道”，全方位支持返乡创业

2017年2月21日，甘肃省人民政府办公厅印发《甘肃省人民政府办公厅关于支持返乡下乡人员创业创新促进农村一二三产业融合发展的实施意见》(甘政办发〔2017〕24号)①，提出县级人民政府要设立“绿色通道”，为返乡下乡人员创业创新提供便利服务，对进入创业园区的，提供有针对性的创业辅导、政策咨询、集中办理证照等服务。

《意见》对返乡下乡创业者社会保障的相关政策也做出了明确的要求。返乡下乡人员在创业地按相关规定参加各项社会保险，有条件的地方要将其纳入住房公积金缴存范围，按规定将其子女纳入城镇（城乡）居民基本医疗保险参保范围。依托基层就业和社会保障服务平台，做好返乡下乡人员创业服务、社保关系接续等工作，确保其各项社保关系顺畅转移接入。及时将电子商务等新兴业态创业人员纳入社保覆盖范围。对返乡下乡人员初始创业失败后生活困难的，可按相关政策法规享受相应的社会救助。对初始创业失败后导致基本生活困难的返乡下乡人员家庭，符合最低生活保障制度条件的及时纳入保障范围，待家庭经济条件好转后，按规定及时退出保障范围；对因病、因学、因灾等突发性、紧迫性、临时性事件造成大额支出导致基本生活困难的返乡下乡人员家庭，符合条件的应及时给予临时救助，缓解返乡下乡人员家庭的临时性基本生活困境。对持有居住证的返乡下乡人员的子女可在创业地接受义务教育，按照当地相关规定接受普惠性学前教育。

① 参见《甘肃省人民政府办公厅关于支持返乡下乡人员创业创新促进农村一二三产业融合发展的实施意见》(甘政办发〔2017〕24号)，见 http：//www.gansu.gov.cn/art/2017/2/21/art_4786_300727.html.